Topos-Taschenbücher
Band 158

W0190421

Eugen Drewermann
Michael Helfer
Günter Höver

Freispruch für Kain?

Über den Umgang mit Schuld

Topos-Taschenbücher

Die Deutsche Bibliothek – CIP-Einheitsaufnahme

Drewermann, Eugen:
Freispruch für Kain?: Über d. Umgang mit Schuld /
Eugen Drewermann; Michael Helfer; Günter Höver. – 4. Aufl. –
Mainz: Matthias-Grünewald-Verlag, 1992.
   (Topos-Taschenbücher; Bd. 158)
   ISBN 3-7867-1239-5

NE: Helfer, Michael:; Höver, Günter:; GT

Die Umschlagfotos sind der gleichnamigen ZDF-Sendung
entnommen.
Gesamtherstellung: Clausen & Bosse, Leck

Inhalt

Freispruch für Kain?

Da kann sich jemand abstrampeln, soviel er will. Dem einen fällt es in den Schoß. Ihm gelingt alles – und der andere, alles, was er anfaßt – geht schief. Schuld, Tragik, Schicksal, oder Pech!

Die Lebensfrage: ›Wie gehe ich mit Schuld um?‹ ist kein Modethema, üblich ist eher die Frage: Wie gehen andere mit meiner Schuld um? – etwa der Psychotherapeut, der Lebensberater, der Pfarrer oder der, was-weiß-ich. Schuld sind dann ungünstige Umstände, die bedauernswerte Kindheit – vielleicht hat meine Urgroßmutter ein schlimmes traumatisches Erlebnis gehabt – oder standen die Sterne ungünstig?

Nur – erwachsene Menschen wissen um das Böse, den eigenen Schatten, um die Kluft zwischen dem, was ich bin, und dem, was ich sein möchte und sollte. Bräuchte ich, um aus diesem Dilemma herauszukommen, nicht mehr Möglichkeiten zum Probieren? Und Fehler müßten dabei ausdrücklich erlaubt sein!

Aber, daß der Spielraum, den ich zur Selbstentfaltung brauche, nicht zu groß wird, dafür wird gesorgt. Da sind die Moralwächter und genauso die Propheten der Selbstverwirklichung. Beide wissen, was man zu tun habe.

Ich denke, die Geschichte von dem anständigen Bruder muß nachdenklich machen. Er hat sich redlich abgemüht – schließlich opfert er sogar die schönsten Dinge, die er produziert hat, um die Huld Gottes zu gewinnen. Ein durch und durch moralisches Vorbild. Aber am Ende wird er seinen Bruder totschlagen.

Das Thema von Kain und Abel ist immer aktuell. Offen bleibt die Frage, wann bin ich Kain, wann Abel – oder bin ich vielleicht beide?

Rund 5,5 Millionen Zuschauer haben sich die Sendung angeschaut. Im Anschluß wurde vom ZDF angeboten, mit Telefonseelsorgern zu telefonieren. Obwohl ich es schon oft erlebt habe, war es wie immer. Die Lebensfragen im Fernsehen? Und ausgerechnet auch noch das Thema ›Schuld‹! Nicht die Schuld der anderen, auch nicht die großen Verbrechen: Kein Wort von den Henkern und ihren Opfern, den Betrügern und Kriminellen. Nein – zwei Schwestern, die sich auseinandergelebt haben … Eine ganz banale Alltagsgeschichte. Kein ›Happy-end‹ – die Kritk an der Qualität der Spielszenen war geteilt und dennoch – pausenlos klingelten nach der Sendung die Telefone im ZDF. Die 15 Telefonseelsorger hatten keine Pause, und auch nach Mitternacht veränderte sich die Intensität der Gespräche nicht.
Die meisten Anrufer kamen gleich zur Sache. Freilich oft zögernd, versteckt, unbeholfen im Ausdruck, – und es waren nicht nur – aber vorwiegend – Frauen, die telefonisch ihre Erfahrungen mit ihrer Schuld schilderten: »Sie hatte kurz nach dem Krieg ein Kind von einem britischen Besatzungsoffizier bekommen. Die Eltern haben sie wegen der Folgen einer Liebesnacht nicht verstoßen. Aber ihre jüngste Schwester hat ihr das nie verziehen …« – »Vor 15 Jahren habe ich abgetrieben. Obwohl ich nicht anders konnte, was soll ich machen?« – »25 Jahre sind wir verheiratet. Aber unsere Beziehung ist tot. Nach außen ist alles in Ordnung. Aber bei mir ist etwas zerbrochen, … sie will mich nicht mehr verstehen.« »Ich habe niemand, mit dem ich reden kann. Ich werde schlecht und recht respektiert, wenn ich meine Pflicht erfülle, aber ich bin mehr. Ich bin doch keine Maschine …«
Schuld, Ängste, Schuldgefühle, Hilfeschreie aus selbstverursachter Verlassenheit. Und dann der anonyme ›Telefonseelsorger‹ im fernen ZDF.
Welche Erwartungen schwingen in den Anfragen, Lebens-

beichten, Vorwürfen mit? Da sitzt ein ›Experte‹ im allgegenwärtigen Fernsehen, der meine Probleme lösen kann?

Aber wer kann einem Schuldigen einen Rat geben? Was soll man dem sagen, der nicht genau bestimmbare Schuldgefühle verspürt?

Nach der Telefonaktion haben sich die Berater nochmals zu einem Resumé getroffen. Das Ergebnis: Umgang mit der Schuld ist eine der Lebensfragen, die zu oft nicht beantwortet wird. Die bittere Erkenntnis, hier habe ich etwas falsch gemacht, wird selten ausgesprochen. Der Selbstvorwurf, ich bin schuld an dem ganzen Elend, entpuppt sich bei genauem Hinsehen als Hilfeschrei nach Anerkennung.

Eine 45-minütige Fernsehsendung kann und will nicht die Grausamkeit und Hoffnungslosigkeit von Schuld erklären. Aber die Kontakte-Sendung und das Kontakte-Buch »Freispruch für Kain« wollten das Thema Umgang mit der Schuld ›ins Gerede bringen‹.

Das Brüdermotiv von Kain und Abel taucht später auch in den Erzählungen Jesu auf: in der Geschichte von den ungleichen Brüdern (Lk 15), die besser bekannt ist als das Gleichnis vom verlorenen Sohn.

Die überraschende Botschaft: Geglücktes Leben ist nur möglich, wenn mich jemand (Gott?) so annimmt, wie ich bin. Gott liebt den Menschen nicht, weil dieser besonders fromm, besonders anständig und moralisch ist, sondern weil er der verzeihende Vater, weil er Liebe ist.

Gerhard Müller

Günter Höver

Kain und Abel –
Julie und Christine

Ein Film zum Thema: »Schuld«

»Freispruch für Kain« – der Titel ist erst ganz zum Schluß entstanden, als der Film schon fertig war. Angefangen hat es mit einer Idee, die so viel wert ist wie eine Überschrift in einem theologischen Fachbuch: »Vom Umgang mit Schuld« sollte die ZDF-KONTAKTE-Sendung im Januar 1986 handeln.

Immerhin, da war noch eine zweite Vorgabe: der Theologe und Psychoanalytiker Dr. Eugen Drewermann sollte zur Mitarbeit an dem Film gewonnen werden. Damit waren seine Bücher, vor allem seine »Strukturen des Bösen« eine erste Orientierungshilfe bei der Annäherung an das Thema »Schuld«.

Nun hätte man sicher einen klugen Film über »Schuld« in der Literatur oder Schuld in der Politik oder sonstwo machen können – an Stoff fehlt's da sicher nicht. Aber wozu soll so etwas gut sein? Als Entrüstungspotential für einen Zuschauer, der sich in einen gut gepolsterten moralischen Sessel zurückgelehnt hat? Vielleicht wäre auch noch eine kleine Wissensbereicherung dabei herausgesprungen. Aber gerade bei einem solchen Thema und noch dazu in einer KONTAKTE-Sendung müßte es möglich sein, daß sich der Zuschauer mit einbezieht, daß er also auch auf die Schuld im eigenen Leben schauen kann – vorausgesetzt, er will.

Ein Weg dazu ist – in KONTAKTE-Sendungen nicht selten beschritten – der dokumentarische: Autor oder Regisseur befragt Leute, von denen er in Vorgesprächen den Eindruck gewonnen hat, sie würden etwas aus ihrem eigenen Leben so gut erzählen, daß es den Zuhörer berührt, ihn bewegt und ihm die Augen öffnet für die verschütteten Schlaglöcher auf dem eigenen Lebensweg. Da wird ein Stück Identifikation möglich.

Aber gerade beim Thema Schuld gibt es da doch erhebliche Schwierigkeiten. Entweder, der Autor findet Leute, die viel über die Schuld im menschlichen Leben nachgedacht haben und dazu gute Vorträge halten können. Als einschlägige Fachleute sozusagen. Das war aber nicht das, was ich suchte. Oder der Autor findet Gesprächspartner, die gern bereit sind, über die Schuld in ihrem eigenen Leben zu sprechen. Das wäre es, ja! Aber …! Da es sich um ein so heikles Thema handelt, sind da mindestens zwei Straßengräben zu vermeiden: daß sich jemand allzu indiskret über sein eigenes Inneres ausläßt und damit den Verdacht auf sich zieht, ein »Selbstdarsteller« zu sein, ein Exhibitionist in Sachen Seele. Oder daß ein anderer in bester Absicht von sich erzählt, ohne indiskret zu wirken – aber er überschaut nicht die Folgen, daß er vor der Kamera eben nicht mehr geschützt in seinem Wohnzimmer neben einem wohlwollenden Regisseur sitzt, sondern sozusagen bei offenem Fenster redet, in das alle Welt hineinschaut. Das muß man erst mal wollen!

Mir schien also, daß gerade bei einem Thema, bei dem es einerseits auf Wahrhaftigkeit, andererseits aber auf äußerste Diskretion ankommt, also bei einem Thema aus dem innersten Inneren eines Menschen, nicht richtig ist, »dokumentarisch« zu arbeiten, sofern man nicht gewillt ist, die Innensicht aufzugeben und sich eine eher objektive Betrachtung von »Schuld« vorzunehmen.

Ein anderer Weg wäre, eine Geschichte zu erzählen, die zwar in einzelnen Zügen tatsächlich so vorgekommen sein könnte (also eine lebensnahe Geschichte), die aber niemanden Bestimmten bloßstellt. Also eine Geschichte, deren Darsteller eben von Rechts wegen auch nur Darsteller sind, solche, die helfen, die Geschichte anschaulich zu machen. Sie werden dafür bezahlt, jeder weiß das, und vor niemandem müssen sie sich später dafür rechtfertigen, daß sie so durchtrieben, so kalt, so boshaft und rachsüchtig, so verlogen oder so feindselig gewesen sind.

Sie haben ihre Rolle gespielt. Darüber hinaus bleiben sie als Menschen mit ihrer eigenen Schuld vor dem Urteil der Öffentlichkeit geschützt.

Ich erfand eine solche Geschichte, in der vier Menschen auf verschiedene Weise aneinander und an sich selbst schuldig geworden sind.

Der erste Entwurf

Flughafen. Ein Mann, Anfang Dreißig, ist mit einer Maschine aus Australien angekommen. Er wird von einer Frau, Mitte Dreißig, seiner Schwester, abgeholt. Anlaß seiner Reise nach Deutschland: sein Vater ist in einem Verkehrsunfall ums Leben gekommen. Der junge Mann (Michael, der jüngste Sohn) hatte nicht zur Beerdigung seines Vaters kommen können, möchte aber zum Grab und zu seinen Geschwistern, um mehr über den Tod des Vaters zu erfahren. Außerdem soll er sein Erbe in Empfang nehmen.

Seine Schwester, Agnes, die Zweitjüngste der Geschwister, arbeitet im Geschäft des ältesten Bruders (Peter). Agnes hat nicht geheiratet, weil sie ganz für das Geschäft der Familie dasein wollte – und für den von ihr verehrten älteren Bruder.

Michael, ebenfalls nicht verheiratet, ist nach Australien ausgewandert, als seine Mutter vor Jahren starb und als seine Freundin, Barbara, die er zu heiraten gehofft hatte, sich für

13

den älteren Bruder entschied, der die »sicherere Partie« zu werden versprach. Peter, der Liebling des Vaters, war schon seit langem als Nachfolger im Geschäft vorgesehen. Peter und Barbara haben zwei Kinder.

Michael, der Liebling der früh verstorbenen Mutter, war aus Enttäuschung ausgewandert: mit dem Tod der Mutter und der Heirat zwischen »seiner« Barbara und Peter war für ihn eine Welt zusammengebrochen. Nun kam er, um nach dem Tod des Vaters sein Erbe in Empfang zu nehmen. Wichtiger aber noch als das war ihm, den Tod des Vaters »aufzuklären«. Er hatte das Gefühl, daß hinter dem Unfalltod (Vater ist volltrunken vor einen Baum gefahren) mehr steckte, als der Polizeibericht verriet.

Michael bewegt sich in seiner Familie wie ein Fremder, wie ein unbarmherziger Beobachter. Immer läuft er mit einem Foto-Tele herum, er fotografiert versteckt und offen, sogar seine Gesprächspartner, wenn ihre Gesichter etwas zu verraten scheinen.

Im Laufe seiner Beobachtungen deckt er auf, daß sein Bruder das Geschäft des Vaters nicht in der honorigen Weise weitergeführt hat wie dieser, sondern mit unsauberen Methoden die Konkurrenz ausgespielt hat, wobei ihm keine seiner Tricks nachweisbar sind. Nach außen hin macht sein Bruder einen geordneten, wohlanständigen, penibel auf Rechtschaffenheit bedachten Eindruck.

Dessen Frau scheint sich aber weder im Geschäft noch im Privaten mit Peter wohlzufühlen. Sie hat ihn geheiratet, um eine sichere Existenz zu haben, aber sie hat nebenher immer wieder ihre Affairen mit anderen Männern gehabt. Auch das findet Michael auf seinen Detektivgängen heraus – und fotografiert es.

An einem Abend, als Michael mit seiner Schwester allein ist, schüttet diese ihm ihr Herz aus. Sie ist enttäuscht vom Leben, speziell von Peter, für den sie ihr eigenes Leben geopfert hat. Sie steht in eifersüchtiger Spannung zu Barbara, die sich – ihrer Meinung nach – das Leben zu leicht macht. Aber Peter nimmt seine Frau um jeden Preis in Schutz – und das hat Agnes im Laufe der Jahre immer mehr verletzt.

Alkohol löst Agnes Zunge: sie erzählt schließlich ihrem Bruder Michael, wie ihr Vater ums Leben gekommen ist. Am Abend vor seinem Tod hatte Peter – wie sehr häufig zuvor – einen Streit mit Vater vom Zaun gebrochen. Vater regierte ihm zuviel in das Geschäft hinein, nachdem er es – im Vorgriff auf das Erbe – früh an Peter abgetreten hatte. Vater war ein jähzorniger Mann, außerdem trank er gerne. Alle wußten das. Und Peter trieb Vater im Streit bis zur Weißglut. Gleichzeitig setzte er ihn unter Alkohol – eine Schwäche des Vaters ausnutzend.

Peter hatte schon lange angefangen, Vater mit einem unversöhnlichen Haß zu verfolgen. In einer Nacht hatte er es einmal herausgeschrien: er werde ihn umbringen. Agnes ist fest davon überzeugt, daß Peter an dem letzten Abend mit Vater wußte, was er tat, als er ihn voller Zorn in betrunkenem Zustand ins Auto steigen ließ. Peter hatte Vater in früheren Zeiten immer nach Hause gefahren, auch wenn dieser dagegen heftig protestierte. In letzter Zeit war es mehrmals vorgekommen, daß Vater in betrunkenem Zustand allein nach Hause fuhr. Und die Wut tat ihr übriges. Peter hat seinen Vater getötet, auch wenn dafür keine Beweise zu erbringen sind. Agnes ist davon überzeugt.

Michael will sich – mit diesen Informationen bewaffnet – an Peter und Barbara rächen. An Peter, weil er ihm seine Barbara vor Jahren weggeheiratet hat, und an Barbara, weil sie ihm, Michael, nicht treu geblieben ist. Aber Michael hat nichts in der Hand, um sich »rechtlich einwandfrei« rächen zu können. Abrupt bricht er seinen Aufenthalt in Deutschland ab und fliegt wieder nach Australien zurück.

Die Geschichte zeigt vier Menschentypen, die – je auf ihre Art – vor dem eigenen Leben und der wirklichen Verantwortung für sich und andere davonlaufen.

Am Ende dieser Geschichte hätte Dr. Eugen Drewermann die Gelegenheit gehabt, über vier Grundtypen von Schuld zu sprechen, wie er sie in einigen seiner Veröffentlichungen, angelehnt an Fritz Riemanns »Grundformen der Angst«, beschreibt. In einem Gespräch mit Eugen Drewermann kam dann aber eine neue Idee auf: nicht über die psychologischen Grundtypen von Schuld sollte man sprechen, sondern über eine typische Schulderzählung aus der Bibel. Sie ist weniger theoretisch – und tiefer geht sie allemal. Das Thema bleibt dann nicht im Moralischen stecken, sondern bekommt eine – von innerem Druck befreiende – theologische Dimension. Gerade auf das kommt es Eugen Drewermann an.

Wir einigten uns darauf, die vorhandene Geschichte so zu verändern, daß sie zur Kain-und-Abel-Erzählung der Bibel hinführen kann. Also die Geschichte einer Geschwisterrivalität – oder auch die Geschichte vom Menschen, der sich benachteiligt fühlt und in dem Versuch, seine eigene Wichtigkeit zu retten, am anderen und damit an Gott schuldig wird. Die Geschichte vom Menschen, der zwischen den beiden Alternativen steht, sich in verzweifelter Selbstüberschätzung immer weiter zu verrennen oder aber anzuerkennen, daß er eben nur ein Mensch ist, ein Wesen, das genausogut nicht sein könnte, vom Tod und Untergang bedroht. Dies auszuhalten und sich nicht dabei in einem schwarzen Nebel von Klagen und Anklagen zu verlieren, ist möglich – wie Eugen Drewermann es in seinen Büchern beschreibt – im Glauben an einen Gott, der die Menschen so annimmt, wie sie sind.

Also die Geschichte von Kain und Abel – zumindest als Vorlage. Ich formte den ersten Erzählungsentwurf um – in immer wieder neue Versionen. Und je länger ich darüber nachdachte, um so deutlicher wurde mir klar: zumindest in der Konstellation der Figuren hatte John Steinbecks »Jenseits von Eden« hier Pate gestanden – wenn mir das auch anfänglich nicht bewußt war.

In einer Nacht, in der ich – wie es bei einem solchen Thema nicht ausbleibt – über die Schuld in meinem eigenen Leben nachgedacht hatte, muß ich wohl anschließend schlecht geträumt haben; dafür schenkte mir aber der nächste Morgen eine Idee, aus der eine neue Geschichte entstand. Wenn Kain und Abel nicht nur typisch für Männer, sondern für Menschen überhaupt dastehen, warum dann nicht eine Geschichte von zwei Schwestern erzählen?

Die Geschichte von Julie und Christine

Julie ist eine erfolgreiche Fotojournalistin, Mitte Dreißig, die früh gelernt hat, ihren eigenen Weg zu gehen. Sie lebt allein und hat es schwer, eine dauerhafte Beziehung zu einem Menschen aufzunehmen. Sie läßt nur ungern jemanden an sich herankommen, weil sie letztlich Angst vor menschlicher Nähe hat. Im Grunde tut sie nichts, das ihre selbstgestaltete Sicherheit gefährden könnte, schon gar nicht ihr Herz verlieren. Sie ist äußerlich kühl, überlegen, abwehrend.

Ihre um fünf Jahre jüngere Schwester Christine ist ein kontaktfreudiger Mensch. Sie wirkt, als ob ihr im Leben immer alles in den Schoß gefallen wäre. Aber sie hat nicht ihre kindliche Abhängigkeit vom Vater abgelegt, d. h. sie übernimmt nur ungern die Verantwortung für ihr Leben. Im Grunde ist sie froh, das Auffangnetz »Papa« zu haben; das erlaubt ihr, auch finanziell sorglos zu leben.

Christine ist Saxophonistin und spielt in einer Band Tanzmusik und Jazz. Sie ist verheiratet und hat ein Kind. Martin, ihr Mann, arbeitet freiberuflich als Buchautor (Kinderbücher und Satiren) und macht für verschiedene regionale Zeitungen Besprechungen (Bücher, Theater, Kino, Konzerte). Seine Schreibarbeiten erledigt er vorwiegend daheim. Martin ist wortkarg, er verzieht sich gern hinter seine Arbeit, um nicht von anderen Menschen angefordert zu werden. Auch er ist froh, einen »spendablen« Schwiegervater zu haben, der ihm und seiner Familie ein relativ sorgenfreies Dasein garantiert.

Die Mutter von Christine und Julie kommt im Film nicht vor, nicht einmal erwähnt wird sie. Sie ist vor Jahren gestorben, als Christine gerade aus dem Haus ging. Der Vater, der den unterschiedlichen Lebensweg der beiden Töchter sah, unterstützte immer wieder seine jüngere Tochter, während er Julie für eine Frau hielt, die ihre Existenz gut selbst sicherte und auch dann nicht Hilfe annehmen würde, wenn sie welche bräuchte. – Julie hat ihre neue Heimat in Hamburg, weit weg vom Elternhaus, während Christines Familie in München lebt; nicht weit von München entfernt wohnt auch der Vater.

Die Handlung beginnt damit, daß Julie an einem frühen Morgen einen Anruf von ihrer Schwester bekommt: der Vater sei in dieser Nacht tödlich verunglückt. Sie fliegt nach München, um an der Beerdigung teilzunehmen. Tatsächlich bleibt sie dann noch ein paar Tage länger im Haus ihrer Schwester. Julie hat das unbestimmte Gefühl, daß irgendetwas im Zusammenhang mit dem Tod des Vaters nicht stimmt. Sie versucht, etwas herauszufinden, von dem sie selbst nicht weiß, was es sein könnte. Dies schafft eine Atmosphäre des Mißtrauens und der Feindseligkeit. Julie verfolgt und verunsichert ihre Schwester mit ihrem Fotoapparat. – Was Julie weiß, ist: Der Vater war in der Nacht in angetrunkenem Zustand Auto gefahren und hatte die Kontrolle über den Wagen verloren. Julie findet durch eigene

»Detektivarbeit« heraus, daß der Vater fast alle seine Ersparnisse in den letzten Jahren an Christine überwiesen hat, die immer wieder in finanzieller Not gewesen zu sein schien. Es bleibt also nichts Nennenswertes als Erbe übrig, das geteilt werden könnte.

Tatsächlich hat Christine etwas zu verbergen. Sie bedrückt das Gefühl, schuld am Tod des Vaters zu sein. Erst nach Tagen erzählt sie ihrer Freundin Sarah, was am Abend vor dem Tod des Vaters vorgefallen war. Martin und sie hatten in ihrer Wohnung mit dem Vater zusammengesessen. Nachdem Martin sich unter dem Vorwand, lediglich das Kind ins Bett zu bringen, der Gesellschaft mit dem Schwiegervater entzogen hatte, war Christine mit ihrem Vater allein. Der Vater trank sehr viel an diesem Abend, und als er aufbrechen wollte, bot ihm Christine an, ihn mit dem eigenen Wagen nach Hause zu fahren. Der Vater lehnte das in der Selbstüberschätzung eines Angetrunkenen ab, und Christine bestand nicht weiter auf ihrem Vorschlag. Sie war froh, sich nicht noch weiter um den Vater kümmern zu müssen, denn sie hatte am gleichen Abend noch eine Probe mit ihrer Band. So war es reine Bequemlichkeit, daß Christine nichts unternahm, um den Vater am Fahren zu hindern. Sie brachte es wohl auch nicht fertig, dem Vater ins Gesicht zu sagen, daß sie ihn für angetrunken hielt. Der Vater setzte sich also an das Steuer seines Wagens und fuhr heimwärts.

Als Christine dann in der Nacht von dem Unfall des Vaters erfuhr, fühlte sie sich schuldig an dessen Tod. – Ihr Schuldgefühl scheint aber wohl eher ein verschobenes Schuldbewußtsein zu sein, nämlich den Vater immer nur ausgenommen zu haben, ohne sich, wie Julie, genügend um ihre Existenzsicherung zu kümmern.

Nach einem Gespräch mit ihrer Freundin Sarah ist Christine in der Lage, auch ihrem Mann die Wahrheit über die letzten Stunden vor dem Tod des Vaters zu erzählen. Martin hat für Christine nur einen oberflächlichen Trost: er habe sich an dem Abend schließlich auch verdrückt; da müßte er sich ja die gleichen Vorwürfe machen (die er sich nicht macht).

Am letzten Abend, an dem Julie bei ihrer Schwester übernachtet, belauscht sie durch einen Zufall an einer Tür ein Gespräch zwischen Martin und Christine. Es geht um sie, um Julie. Und Julie fühlt sich durchschaut. Sie hört, mit welcher Treffsicherheit Christine in wenigen Worten die Situation ihrer Schwester umreißt. Und Julie merkt, daß Christine nur geheuchelte Gefühle für sie übrig hat. Beschämt und verletzt zieht sie sich zurück.

Kain und Abel

Die Geschichte von Kain und Abel ist eine mythologische, eine archetypische Erzählung, die Geschichte von Julie und Christine eine psychologische. Damit ist für mich von vornherein klar, daß zwar Julie viele Züge des Kain an sich hat und daß aus ihrer Perspektive ihre Schwester Christine sicherlich in die Position des Abel gerät. Aber es hieße, die Geschichte zu pressen, wenn man Christine nur mit Abel gleichsetzte. Auch sie hat Züge des Kain an sich. Das muß sie wohl auch. Denn Kain steht für den Menschen, der am anderen schuldig wird. Kain wird in der biblischen Erzählung als Mensch mit Fleisch und Blut, mit Leidenschaften und mit Ängsten gezeichnet. Abel dagegen bleibt schemenhaft, undeutlich. Wir erfahren über ihn nicht viel mehr, als daß er Kains Bruder ist und daß Gott ihn bevorzugt hat. Also die Situation einer Ungleichheit zwischen Menschen, einer Ungerechtigkeit des Schicksals. Abel ist keineswegs eine durchgezeichnete Figur, die sozusagen die Handlungsalternativen zu Kain aufzeigen könnte.

Es wäre sicher abwegig, Kain als den »Bösen«, die Figur des

Unglaubens hinzustellen und Abel als die entsprechende Gegenfigur, den »Guten«, die Figur des Glaubens. Kain ist eine schillernde Figur, er ist ein Mensch. Bei ihm liegen Glauben und Unglauben nebeneinander. Um Kain geht es in der Erzählung von Kain und Abel – und um Gott.

Auch in unserem Film geht es in erster Linie um Kain. In dem Gespräch, das der Filmerzählung folgt, beschäftigt sich Eugen Drewermann mit der Schuld beider Schwestern. Julie und Christine sind – jede auf ihre Weise – schuldig. Sogar bei der dritten Figur, die in diesem Film am Rand steht, läßt sich die Schuld beim Namen nennen: Martin »hält sich aus allem draußen«.

In der Handlungsdramaturgie lehnt sich die Geschichte von Julie und Christine also nicht strikt an das Vorbild »Kain und Abel« an. Nur in einzelnen Elementen ist das so: Julie sieht mit klarem Auge – und mit klarem Neid! –, daß Christine vom Vater bevorzugt wurde. Hier liegt die deutlichste Parallele zur Kainsgestalt. Auch bei der symbolischen Tötung, als Julie mit ihrem Fotoapparat auf Christine »schießt«, ist mir die biblische Vorlage bewußt. Und am Schluß, wenn Julies Gesicht weich wird, wenn ihre starre Maske abfällt, sehe ich – wenn auch sehr verhalten – einen Ansatz von dem, was am Schluß der Kain-und-Abel-Geschichte erzählt wird: Gott spricht mit Kain versöhnlich. Ich glaube, daß Menschen, wenn sie ihre Selbstschutzfassade aufgeben können und sich persönlich »treffen« oder »berühren« lassen, Gott an sich heranlassen. Für einen Moment taut Julie auf. Wie gesagt: für einen Moment. Wir wissen nicht, wie es wirklich weitergeht. Eugen Drewermann sagt in dem Gespräch, das er im Anschluß an die Filmerzählung mit den beiden Darstellerinnen führt, man könne annehmen, es gehe so weiter wie zuvor. Aber das weiß nicht einmal der Autor genau. Die Handlung endet offen. Warum könnte sie nicht so zu Ende gedacht werden wie die Kain-

und-Abel-Geschichte? Psychologisch mag das nicht nahe
liegen. Aber theologisch? Da gibt's doch eher unverhoffte
Überraschungen.

Ein immer wiederkehrendes Bild im Film ist die Winter-
landschaft: so z. B. wenn Julie zur Beerdigung ihres Vaters
reist; oder wenn das Verhältnis der beiden Schwestern zur
Sprache kommt, die sich buchstäblich kilometerweit auseinandergelebt haben (München–Hamburg: das Bild auf
dem Friedhof); und wenn Christine versucht, bei ihrem
Mann Verständnis für ihr Schuldgefühl zu finden (Schnee-
spaziergang). Hier spiegeln sich in einer kalten, schönen
Landschaft Seelenlagen wider, die man – in ihrer Außen-
sicht – als verführerisch schön erleben kann, auch wenn sie
innerlich abgestorben und vereist sind. Aber der Winter ist
eben noch nicht der ewige Tod. Nichts Endgültiges.

Ich habe als weitere Nebenfigur ein Kind mitspielen lassen.
Es ist immer wieder »irgendwie da«, nicht auffällig. In
einer Zeit, in der die Erwachsenen sehr viel mit sich selbst
zu tun haben, werden die Kinder zu Randfiguren. Christine sagt es einmal deutlich: »Am Nachmittag *mußte* ich
wieder heim wegen Manuel. Aber heute abend will ich
noch mal zur Sarah.« Da fällt einem als Gegenstück eine
Episode aus den Evangelien ein, in der die Jünger die lästi-
gen Kinder am liebsten fortschicken wollen; und Jesus
sagt: »Laßt sie doch zu mir. Schiebt sie doch nicht ab. Ihnen gehört das Reich Gottes.« Mit dem Kind läuft für mich
im Film ein Stück Hoffnung und neues Leben mit – freilich
kaum beachtet. Beim Spaziergang, bei dem Christine Martin von ihrer Schuld erzählt, läuft das Kind immer ein
Stück voraus. Und am Schluß kommt es den Eltern entge-
gengelaufen.

Ein modernes Lebensgefühl gibt der Film wieder. Jeder hat
sich auf sich selbst und seine eigene Welt zurückgezogen:
den Computer, das Saxophon ... oder das Gefühl, trotz

selbsterrungener Erfolge zu kurz gekommen zu sein. Kain – das sind die Menschen, die sich selbst isoliert haben. Aus Angst? So sieht es Eugen Drewermann. Nach seinen Worten ist Kain »im letzten asozial, einsam, gezeichnet, ausgewiesen. Die Konsequenz seines absoluten Kampfes um Anerkennung ist am Ende, daß ihn niemand mehr anerkennt, außer daß er sich selber als etwas Besonderes, als einen Gekennzeichneten, fühlen kann …« (E. Drewermann, Strukturen des Bösen, Bd. II, S. 274 f.)

Das Drehbuch
»Freispruch für Kain?«

Die Personen

Julie, Mitte Dreißig, Fotojournalistin
Christine, Ende Zwanzig, Julies Schwester, Saxophonistin
Martin, Anfang Dreißig, Christines Mann, freier Autor
Sarah, Anfang Dreißig, Christines Freundin, Musikerin
Christines Vater, Anfang Sechzig, Kaufmann
Manuel, fünf, Christines und Martins Kind

1. Filmteil: Julie über Christine, Martin und sich selbst

1.
Innen Nacht
Musikkeller   *(Julies Stimme:)*
In einem mit Eierkartons
und Postern geschmückten
Keller spielen vier Frauen
eine Jazzimprovisation.

Die Saxophonistin ist Christine.

Die Frau am Saxophon ist Christine. Die spielt sich so durchs Leben ... das ewige Kind! Sie kann den größten Unsinn machen – ihr Vater vergöttert sie. Christine müßte mal so auf die Schnauze fallen, daß sie aufwacht und endlich erwachsen wird.

2.

Innen Nacht
Martins Arbeitszimmer
Martin geht mit einem Aktenordner an seinen Arbeitstisch und setzt sich an seinen Schreibcomputer.

(Die Musik aus der vergangenen Szene spielt weiter)
(Julies Stimme:)
Ihr Mann, der Martin, ist auch nicht viel besser. Ein typischer Schriftsteller. Bißchen versponnen. Der zeigt der Christine bestimmt nicht, wo's langgeht. – Martin und Christine haben ein Kind und leben in München.

3.

Innen Nacht
Julies Wohnung
Julie hat einen Telefonhörer in der Hand und hört zu.

Ich bin Julie, Christines Schwester. Seit neun Jahren wohne ich in Hamburg und arbeite als Fotografin. Ich hab mich im Leben sicher mehr angestrengt als meine Schwester. Warum Vater sie vorzieht, hab ich nie verstanden.

2. Filmteil: Eine Geschichte von Julie und Christine

1.
Innen Nacht
Julies Wohnung
Ein früher Wintermorgen.
Das Zimmer ist noch dunkel.
Julie ist gerade aufgestanden.
Das Telefon auf dem Wohnzimmertisch läutet. Julie kommt herein; sie kämmt sich die Haare. Beim Hinsetzen legt sie die Bürste weg und nimmt den Hörer ab:

»Ja«
(Telefonstimme von Christine:)
»Hier ist Christine. Bist du es, Julie?«

Julie schaltet die Tischlampe an und sagt wieder:

»Ja«
(Christine unterdrückt ein Weinen)

Julie darauf ungeduldig:

»Was ist?«
(Telefonstimme von Christine:)
»Der Papa ist die Nacht gestorben. (Pause) Kannst du kommen?«

Julie bleibt unbewegt. Sie zögert. Dann sagt sie ohne Gefühl:
Und sie legt den Hörer auf.

»Okay.«

2.

Außen Tag
Vor Julies Haus

Julie kommt mit einer Reisetasche und einem Fotokoffer aus der Haustür und winkt einem Taxi, das sie offenbar bestellt hat. Julie hat es eilig.

(Julies Stimme:)

Jetzt hab ich am Telefon noch nicht mal gefragt, woran Papa so plötzlich gestorben ist. Ich hab mich geärgert. Jetzt geht mir die Woche in Tunesien durch die Lappen. Schöner Fototermin. Hätt' 'ne Menge Geld gebracht. –

Sie schiebt ihr Gepäck auf den Rücksitz des Taxis und steigt ein.

Also gut. Dann werden wir jetzt den Vater in München beerdigen.

3.

Außen Tag
Einflugschneise beim Flughafen München

Das Flugzeug, mit dem Julie von Hamburg kommt, scheint zur Landung auf einem Schneefeld anzusetzen. Julie ist in München. Und München liegt im tiefsten Winter.

4.

Außen Tag
Friedhof

Der Friedhof liegt unter Schnee begraben. Christine, Martin und Manuel gehen zu

(Julies Stimme:)

Heute morgen war Papas Beerdigung. Christine mit Martin und Manuel sind am

26

einem frischen Grab.

Die Blumen liegen unter einer Schneedecke, und es schneit unaufhörlich weiter.

Hier haben sie heute morgen den Vater von Christine und Julie begraben.

Neben Mutters Grab, die schon seit Jahren tot ist.

Christine schaut mit versteinertem Gesicht ins Leere.

Während Christines Familie am Grab beisammen steht, sieht man Julie weit hinten in der Nähe des Friedhofeingangs stehen.

Als Christine, Martin und Manuel vom Grab zurückkommen, dreht Julie sich um und geht mit einem seltsamen Lächeln davon.

Nachmittag noch einmal zum Grab gegangen.

Papa ist mit dem Auto verunglückt. Nachts von der Fahrbahn abgekommen.

Angeblich unter Alkohol.

Papa hat gern einen gehoben. Das stimmt schon.

Aber Christine ist seltsam verschlossen. – Ich wüßte gerne, was sie jetzt denkt. – Christine war immer Papas Liebling.

Ich halt mich abseits. Ich mach diese Heuchelei am Grab nicht mit.

Ich weiß schon, warum ich gern in Hamburg wohne.

Möglichst weit weg von dieser Familie!

Irgendwas stimmt mit denen nicht. Das spür ich genau.

Das ist nicht nur die Trauer um Papa. Da steckt mehr dahinter.

5.

Innen Nacht

Christines / Martins Wohnzimmer

Durch das Wohnzimmerfenster sieht man Christine,

(langes Schweigen; dann Julies Stimme:)

Komisch, daß Papa kein Testament hinterlassen hat.

Martin und Julie schweigsam beim Abendessen. Nur Christine und Martin nehmen ab und zu Blickkontakt auf. Julie sitzt – im Bild durch einen Fensterbalken von den beiden anderen »getrennt« – in sich gekehrt am Tisch. Sie scheint nachzudenken. Sie wirkt verschlossen und abweisend.

Sind die beiden deswegen so einsilbig?
Vielleicht haben sie schon irgendwas für sich auf die Seite gebracht?
Könnte ja sein. Jedenfalls haben die was zu verbergen. Das merk ich. Und das krieg ich 'raus, meine liebe Schwester. Irgendwo muß ja hier was zu finden sein.

6.
Innen Tag (der nächste Morgen)
Martins Arbeitszimmer
Auf einem Schaukelstuhl sitzt Manuel und schmökert in einem Comicbuch, »Freud für Anfänger«. Martin arbeitet an seinem Schreibcomputer. Julie sitzt neben ihm und beobachtet den Bildschirm.
Auf einmal sagt sie:

»Jetzt haste 'nen Fehler gemacht!«

Martin darauf:

»Tatsächlich. Hab'n wir gleich.«

Nach kurzer Pause Julie:
»Ist der neu?«
Martin (lakonisch):
»Ja.«
Julie (unverhohlen neugierig):
»Wie lange habt ihr den schon?«
Martin:
»Drei Wochen.«
Julie:
»Wieder ein Fehler! – Und

28

	wie lange hast du gebraucht, um's zu lernen?«
Martin (trocken, schlitzohrig):	»Zwei Tage.«
Julie (stellt sich harmlos):	»Arbeitest du jeden Tag daran?«
Martin:	»Ja.«
Julie (fast neidisch):	»So was hätt' ich auch gern.«
Martin:	»Hmm.«
Julie schaut Martin aus den Augenwinkeln an:	»Du, sag mal, hast du eigentlich einen Schlüssel für Papas Wohnung?«
Martin horcht auf, sieht Julie an:	»Ja.«
Julie:	»Kannst du mir den später mal geben?«
Martin, wieder über die Tastatur gebeugt:	»Durchaus.«

7.
Innen Nacht (am Abend dieses Tages)
Wohnung des Vaters

Das Licht geht an, Julie kommt in Vaters Wohnzimmer und fängt an, Schrankfächer zu durchstöbern. Schließlich findet sie Kontoauszüge mit Notizen des Vaters. Sie blättert darin, liest und stellt fest:	*(Julies Stimme:)* Immer wieder Überweisungen an Christine. Die haben ja ganz schön von Papas Geld gelebt.

29

8.
Außen Nacht
Haus von Vaters Wohnung
An einem Fenster im fünften
Stock geht das Licht aus.

9.
Außen Nacht (wie 8)
Haustür

Julie kommt aus der Haus-
tür. Sie hat in Vaters Wohnung genug gesehen.

Durch einen Torbogen geht
sie auf die nächtliche
Straße.

10.
*Innen Nacht (am gleichen
Abend)*
*Musikraum in Christines
und Martins Wohnung*
Julie öffnet die Tür zu Christines Musikübungsraum. Er
ist professionell ausgestattet.
Julie hat den Raum bisher
noch nicht betreten. Sie
schaut sich indiskret um,
nimmt Papiere und andere
Sachen in die Hand, legt sie
wieder weg. Dann greift sie
nach einem der Saxophone,
die an der Wand stehen. Sie

Christine, Christine, immer
nur Christine! Ich kenn's gar
nicht anders. ›Ja, die Julie,
die ist tüchtig. Die schafft's
alleine. Die macht schon ihren Weg.‹ Und Christine?
›Das Mädchen ist ja noch so
klein. Julie, kümmer dich
doch ein bißchen um deine
Schwester.‹
Vater hat immer jemanden
gebraucht, für den er dasein
mußte. Und das war Chri-
stine.
Um mich hat sich ja nie jemand kümmern müssen.

(Julies Stimme:)
Jetzt will ich aber auch wissen, wo das Geld geblieben
ist. – Nach dem, was ich gesehen hab', ist für mich ja
kaum noch was übrig.

setzt sich und betrachtet das Instrument wie ein goldenes Schmuckstück und sagt zu sich:

Sie war immer Papas Liebling.

In dem Moment kommt Christine, bleibt in der offenen Tür stehen und fragt kalt:

»Kann ich jetzt proben?«

Julie steht auf, gibt Julie das Saxophon. In gekränktem Ton sagt sie:

»Ich will dich nicht stören.«

Beim Hinausgehen dreht sich Julie noch einmal um und fragt:

»Soll ich die Tür zumachen?«

Christine hängt sich das Saxophon um und antwortet abweisend:

»Ja, bitte!«

Julie verläßt den Raum. Christine rückt sich den Notenständer zurecht.

11.
Innen Nacht (am gleichen Abend)
Martins Arbeitszimmer
Die Tür steht offen, Martin sitzt noch immer an seinem Computer. Julie schleicht sich herein, bleibt erst stehen und setzt sich dann in den Schaukelstuhl – diesmal auf

Abstand zu Martin. Sie beobachtet ihn beim Schreiben, Martin läßt sich jedoch nicht stören. Anders als heute morgen sind die Blicke von Julie jetzt feindselig-beobachtend. Nach langem Schweigen spricht sie Martin an:

Martin schaut zu Julie auf.
Julie:

»Martin!«

»Hat der Vater euch den Computer auch bezahlt?«

Martin, mit unbewegtem Gesicht:

»So teuer war der gar nicht.«

Julie in verhaltenem Zorn:

»Danach hab ich nicht gefragt.«

12.
wie Bild 10
Musikraum
Christine hat den Kassettenrekorder eingeschaltet. Sie zählt die Anfangstakte einer Instrumentalbegleitung und setzt dann das Saxophon an zum Mitspielen.

13.
Innen Tag (am nächsten Morgen)
Christines Wohnzimmer
Julie kommt zur Tür herein und schaut aggressiv auf Christine, die mit einem No-

tenbuch in der Hand am Boden vor der Bücherwand kauert. Julie hebt ihren Fotoapparat ans Auge und beginnt, Christine zu umkreisen. Christine schaut von ihrem Buch auf, ohne Julie direkt anzusehen.

(Christines Stimme:)
Julie macht mir Angst. Dauernd ist sie hinter mir her. Am Ende kriegt sie doch noch was raus wegen Papas Tod. Die würd' mich fertigmachen.

Julie zieht die Schärfe am Teleobjektiv, dann drückt sie mehrmals hintereinander ab. Man hört das Geräusch eines Winders.

14.
Außen Tag
Vor Christines/Martins Haus
Christine kommt im Pelzmantel zur Haustür heraus, zögert, als habe sie etwas vergessen, geht noch einmal ins Haus zurück und ruft im Flur:

»Martin! Ich bin dann bis Mittag bei Sarah zum Proben.«

Dann kommt Christine wieder aus dem Haus, zieht die Tür hinter sich zu und geht fort.

(Christines Stimme:)
Also, mir langt's jetzt mit der

Julie im Haus. Und der Martin hilft mir auch nicht – mit seinem Computer den ganzen Tag.

15.
Innen Tag
Sarahs Wohnung
Christine ist bei ihrer Freundin Sarah. Sie sitzt am Klavier und begleitet Sarah. Sarah singt »Lover Man« von Horace Silver, das Lied einer unerfüllten Liebe zu einem Mann. – Christine denkt an ihren Vater.

(Christines Stimme:)
Sarah ist meine beste Freundin. Ich würd' gern mit ihr reden wegen Papa. Ich mach mir solche Vorwürfe.

Am Ende des Liedes merkt Sarah, daß Christine mit den Gedanken woanders ist. Sie fragt Christine:

»Sag mal, was is'n los mit dir?«

Christine schaut ins Leere:

»Ach, nichts. Spielen wir weiter!«

Sie setzt zum Weiterspielen an.

16.
Innen Nacht
Kinderzimmer in Christines Wohnung
Manuel sitzt am Bettrand

und blättert in einem Bilderbuch.

Nach ein paar Seiten ruft
er:
Christine kommt ins Kin-
derzimmer: Sie hat sich um-
gezogen, um noch einmal
aus dem Haus zu gehen.
Manuel nickt, und Christine
fährt fort:
Sie setzt sich zu Manuel an
die Bettkante:
Christine legt das Bilderbuch
in das Nachtregal und
spricht weiter:

Sie deckt Manuel zu ...

... und löscht das Nacht-
licht.

(Christines Stimme:)
Am Nachmittag mußte ich
wieder heim wegen Manuel.
Aber heute abend will ich
noch mal zur Sarah.

»Ich bin fertig.«
»Hast du die Zähne
geputzt?«

»Brav.«

»Tun wir das Buch weg.«

»Die Mama geht jetzt noch
aus, die geht zur Sarah. Und
du schläfst hier schön. Wenn
du Angst hast, der Papa ist ja
drüben. Du kannst immer
den Papa holen, wenn ir-
gendwas ist.
Ja? Aber du schläfst schön.
Also, gute Nacht, mein
Schatz.«

17.

Innen Nacht
Sarahs Wohnung

Es klingelt. Sarah öffnet die Tür. Christine kommt herein. Sarah:

»Hallo, komm 'rein.«

Beide umarmen sich herzlich. Sarah:

»Hallo, Christine.«

Christine:

»Hallo, Sarah.«

Sarah nimmt Christine den Mantel ab:

»Ist doch wahnsinnig kalt heute.«

Christine:

»Ja, ich bin total durchgefroren.«

Sarah hängt Christines Mantel an die Garderobe:

»Ja.
Soll ich uns einen schönen warmen Tee machen?«

Christine:

»Das wäre sehr nett.«

Sarah geht in die Kochnische:

»Ich setz dann schon das Wasser auf.«

Christine folgt ihr langsam, bleibt geistesabwesend stehen, nimmt ihr Stirnband ab und sagt, während sie sich auf eine Treppenstufe setzt:

»Du, Sarah, ich muß dir was erzählen. An dem Abend, an dem Papa verunglückt ist, war er bei uns zu Besuch. Manuel war noch nicht im Bett.«

18.
Innen Nacht
Christines Wohnzimmer
Manuel kommt im Schlafan-
zug zur Tür herein und
sagt: »Ich hab mich schon umge-
                             zogen.«

Am Tisch sitzen Christine,
Martin und Christines Vater
beisammen. Christine will
gerade aufstehen, um mit
Manuel ins Kinderzimmer
zu gehen, da sagt Martin: »Bleib nur. Ich bring schon
                             den Manuel ins Bett.«
Und zu Manuel gewandt: »Manuel, sagst du dem Opa
                             noch Gute-Nacht?«
Manuel geht zu seinem Opa: »Gute Nacht.«
Der Opa herzlich: »Gute Nacht, Manuel, schlaf
                             gut.«

Manuel im Vorbeigehen zu
Christine: »Gute-Nacht.«
Christine schaut ihm nach: »Nacht.«
Martin nimmt Manuel bei
der Hand: »So, Manuel, komm, geh'n
                             wir!«

Beide gehen aus dem Wohn-
zimmer.
Christine und ihr Vater blei-
ben allein am Tisch zurück.
Christine zum Vater: »Der ist richtig fertig. Der
                             war den ganzen Tag drau-
                             ßen.«
Vater: »Ich seh' sihm an. Er hat schon
                             ganz müde Augen gehabt.«

Christine:	»Für ihn ist der Schnee das Höchste. Jetzt wird er bald mit Skifahren anfangen.«
Vater:	»Da wird er Spaß haben. Das ist doch für Jungs immer was. Man kann gar nicht früh genug anfangen.«

Das Gespräch verebbt. Christine überbrückt die Pause und bietet ihrem Vater noch einen Schnaps an:

»Magst' noch einen trinken?«

Der Vater schiebt sein Glas vor:

»Ach ja, einen trink ich noch.«

Christine schenkt ein.
Der Vater: »Danke.«
Christine: »Zum Wohl, Papa.«
Der Vater prostet Christine zu: »Christine, auf dein Wohl!«
Dann leert er das Glas genüßlich.

(Christines Stimme:)
Martin hatte sich zurückgezogen. Na ja, richtig unterhalten kann man sich mit Papa sowieso nicht.

Der Vater stellt das leere Glas auf den Tisch zurück:

»Das schmeckt halt immer wieder.«

Auf dem Tisch stehen mehrere Flaschen mit scharfen Getränken.

19.

Innen Nacht, wie 18

Der Vater versucht mühsam, aus seinem Sessel aufzustehen.

»Jetzt wird's aber auch Zeit für mich.«

Christine bringt ihrem Vater den Mantel und hilft ihm hinein:

»Soll ich dich nicht doch lieber nach Hause bringen?«

Vater:

»Nein, Christine, ich schaff das schon.«
(Christines Stimme:)
Ich war ganz froh, daß Papa selber fahren wollte. Ich mußte ja noch zur Probe mit der Band.

Christine:

»Hier ist noch dein Schal.«

Vater läßt sich den Schal umlegen:

»Oh, sei so gut. Dank dir schön.«

Der Vater dreht sich noch einmal zum Sessel um:

»Meine Tasche.«

Er nimmt die Tasche und geht leicht schwankend zur Zimmertür. Christine hinter ihm her:

»Bist du sicher, daß du fahren kannst?«

Vater:

»Kannst dich verlassen. Das geht in Ordnung.«

Beide gehen aus dem Zimmer, der Vater sichtlich angeschlagen, Christine mit einem sorglosen Lächeln. Sie denkt an ihre Freundinnen, mit denen sie sich gleich zur Musikprobe treffen wird.

20.
Innen Nacht
Musikkeller
Christine und ihre Freundinnen improvisieren gemeinsam über ein Stück von Horace Silver:
»Cookin' at the Continental«.

(*Christine Stimme:*)
Dann kam mitten in der Nacht der Anruf von der Polizei: Papa ist von der Fahrbahn abgekommen. Auf dem Weg ins Krankenhaus ist er gestorben.

Das Saxophon groß im Bild, bricht die Musik jäh ab.

(*Rückblende Ende*)

21.
Außen Tag (der folgende Tag)
Schneelandschaft
Christine wandert mit Martin durch eine Schneelandschaft.
Manuel läuft voraus.
Christine und Martin sprechen miteinander.

(*Der letzte Ton der Musik verhallt über einem schneebedeckten Baumwipfel*)

(*Christines Stimme:*)
Ich war ja gestern lange bei der Sarah. Es war so viel los in den vergangenen Tagen.
Der letzte Abend mit Papa

40

geht mir nicht aus dem Kopf. Warum ist das so gelaufen? Das läßt mir keine Ruhe.

Ich bin schuld an Papas Tod. Ich hab doch gewußt, wieviel er an dem Abend wirklich getrunken hatte. Aber ich konnt's ihm nicht ins Gesicht sagen.

Trotzdem: Ich hätte ihn auf jeden Fall heimfahren müssen. Aber ich hab nicht darauf bestanden.

(Martins Stimme:)
Ach, Christine, nimm's nicht so tragisch. Du machst dir viel zu viele Gedanken. Da könnt' ich mir genauso Vorwürfe machen. Ich hab mich ja an dem Abend schon vorher verdrückt.

22.
Innen Nacht (der letzte Abend Julies bei Christine)
Flur in Christines / Martins Wohnung
Julie kommt aus dem Bad und will in das Zimmer gehen, in dem sie übernachtet. Da hört sie aus der Tür daneben Christine im Gespräch mit Martin. Julie

bleibt stehen und geht dann vorsichtig zu der Tür, durch die die Stimmen zu hören sind.

Christines Stimme:	Was mach ich jetzt mit Julie? Glaubst du, sie hat was gemerkt?
Martins Stimme:	Was meinst du? Wegen dem Geld?
Christines Stimme:	Nein, wegen dem Abend mit Papa.
Martins Stimme:	Ich glaub nicht.
Christines Stimme:	Wenn die Julie doch bloß bald abreisen würde! – Ich hab sie nie verstanden.

Während Julie zuhört, verändert sich ihr Gesicht. Die starre Maske fällt ab, Julie sieht weich und verletzt aus. Auf ihrem Gesicht zeigt sich Betroffenheit, Trauer und Scham.

Sie wollte immer tüchtig sein. Ich glaub' sie ist ziemlich allein. Ich kann ihr nicht helfen. Sie geht mir auf die Nerven.

Gespräch mit Eugen Drewermann

Im Anschluß an die Filmerzählung wechseln die Darstellerinnen der Julie und der Christine ihre Rollen: sie werden sie selbst, zwei Diplompsychologinnen, die in einem Gespräch mit Dr. Eugen Drewermann, der Theologe und Psychoanalytiker ist, eine weiterführende Deutung der Geschichte von Julie und Christine zu finden suchen. Das Gespräch findet an dem Ort statt, der »Schauplatz« der Schuld von Christine (an ihrem Vater) und von Julie (an Christine) war: das Wohnzimmer der Christine. Dort spielte die Szene, die den Bezug zur Kain-und-Abel-Geschichte am »wörtlichsten« herstellt, die (wortlose) symbolische Erschießung mit der Kamera.

O-Ton Mona Vogl (»Christine«):
Nachdem wir soeben den Film gesehen haben, möchte ich Sie gern fragen: Wie haben Sie die Schuldproblematik bei Christine erlebt?

O-Ton Eugen Drewermann:
Das ist schon paradox. Christine fragt sich, ob sie zu einem bestimmten Zeitpunkt, sagen wir am 9.25 Uhr abends, etwas in ihrem Leben hätte anders machen sollen. Ohne Zweifel hätte sie das Leben ihres Vaters retten können. Sie hätte ein Taxi bestellen oder ihren Mann auffordern können, Vater nach Hause zu bringen, wenn sie es schon selbst der Proben wegen nicht konnte. Die Schwierigkeit aber liegt darin: Sie hätte in jedem Falle ihrem Vater etwas sehr Unangenehmes sagen müssen, nämlich daß er an dem Abend nicht fahrtüchtig ist und betrunken, im Grunde.
Der Anfang des Problems liegt, glaube ich, darin, daß Christine nie gelernt hat, ihrem Vater gegenüber wahrhaftig zu sein. Sie spielt Gefühle. Die Gespräche zwischen ihr und ihrem Vater basieren darauf, daß man gesellig beieinander ist, daß man sich betrinkt, daß man Gefühle vortäuscht, die nicht wirklich sind. Und je länger der Film dauert, desto deutlicher wird, wie der Vater versucht, seine Beziehung zur Tochter zu definieren: Er hält sie aus, er schenkt ihr Geld. Ein rein äußeres vereinbarungsgemäßes Zusammenleben, das Christine ständig in die Rolle einzwängt, die Lieblingstochter ihres Vaters zu sein. Das tut sie um den Preis ständiger Doppelbödigkeit und Heuchelei. Wenn Sie

fragen, was ist die Schuld von Christine, denke ich, daß sie nie gewagt hat selbst zu leben. Sie hält sich ständig fest, vor allem an dem Haupt- (buchstäblich) Instrument und Gegenstand der Liebe des Vaters, an ihrem Saxophon. Sie bläst die Probleme weg, flüchtet sich in die Arbeit. Und kaum ist der Vater tot, geht im Grunde alles seinen Gang, wie vorher.

O-Ton Mona Vogl (»Christine«):
Also ihre Schuld liegt nicht darin, an dem Abend versagt zu haben, sondern in der Art der Beziehung zwischen Christine und ihrem Vater. Das ist die eigentliche Schuldfrage letzten Endes ...?

O-Ton Eugen Drewermann:
Daß sie an dem Abend versagen mußte, war das Ergebnis ihres gesamten Lebensgefüges. Sie ist im Grunde nicht liebesfähig.

O-Ton Mona Vogl (»Christine«):
Sie haben in Wirklichkeit keine echte Beziehung zueinander?

O-Ton Eugen Drewermann:
Christine hat mit niemandem Beziehungen, allenfalls zu Sarah, ihrer Freundin. Die nimmt sie in den Arm, mit der redet sie zum erstenmal vertrauensvoll. Weder zu ihrem Vater noch ihrem Mann, noch ihrer Schwester – vielleicht auch nicht zu ihrem Kind – hat sie eine wirkliche Beziehung. Sie spielt – Freundlichkeit, Anpassungsfähigkeit, Menschlichkeit. Sie ist die nette Frau, die man so haben will.

O-Ton Mona Vogl (»Christine«):
Es ist eine Scheinbeziehung nach dem Bild, wie der Vater sie gerne haben möchte.

O-Ton Eugen Drewermann:
Und indem sie nicht wagt, selber zu leben, wird sie schuldig an allem, ohne es zu wollen. Das ist das Tragische daran.

O-Ton Mona Vogl (»Christine«):
Das wirkt sich dann natürlich eindeutig auf die Schwester aus. Genauso ist die Beziehung auch mit der Schwester, das ist auch keine echte Beziehung.

O-Ton Anne Höver (»Julie«):
Ja – ich frage mich, wie ist das mit der Julie. Julie – fühlt sie sich eigentlich schuldig? Oder fühlt sie sich in erster Linie abgelehnt, und hat sie überhaupt eine Beziehung zu ihrer Schuld? Ich hab sie im Film als Anklägerin erlebt.

O-Ton Eugen Drewermann:
Das sehe ich ganz genau so. Sie klagt ihr Leben lang ihren Vater dafür an, daß er sie nie geliebt hat und ihr die Schwester vorgezogen hat, die jüngere Lieblingsschwester offensichtlich. Sie kämpft verzweifelt ihr Leben lang um eine Anerkennung, die sie nie bekommen wird, weil sie sich in die Rolle der Autarkie, des Ich-kann-das-alleine, Ich-brauchdich-am-Ende-gar-nicht-mehr, hineinflüchtet. Gewiß haßt sie ihre Schwester, die es scheinbar viel bequemer hat, die alles bekommen hat, was man brauchte – Geld und vermeintlich sogar Liebe. Julie ist allein, und sie möchte ihre Schwester eigentlich darauf festlegen, versagt zu haben an dem Vater, in dessen Sonnenschein sie ihr Leben lang gestanden hat. Wenn es bei Julie eine Schuld gibt, dann die, sich selber aus dem gesamten Verhältnis rauszuhalten. Sie

spielt die Beobachterin, die fixiert, indem sie ein Objektiv zwischen ihr eigenes Auge und die Seele des andern schiebt. Sie gibt sich, wenn man's professionell ausdrückt, als Psychologin, fast so etwas, wie wir es hier auch treiben. Wir legen Menschen fest und glauben zu wissen, wie sie zu sein hätten. Die Julie spricht nicht.

O-Ton Anne Höver (»Julie«):
Ist da nicht auch ein Stück Selbstgerechtigkeit mit drin in dieser Position? Sie will ja etwas aufdecken, sie versucht, die Wahrheit oder irgend etwas herauszufinden. Sie stellt sich selbst aber nie in Frage, auch ihre Position nicht.

O-Ton Eugen Drewermann:
Ich denke, daß darf sie gar nicht. Ich glaube, das Problem eines jeden Menschen, der von klein auf die größten Zweifel zu fühlen gelernt hat, ob er geliebt wird oder nicht, ist: Er wird versuchen, die Frage zu beantworten, indem er nach außen flüchtet in seine eigene Leistungsfähigkeit, seine Stärke. Er wird versuchen, über die Selbstwertzweifel hinweg überzukompensieren. Er braucht am Ende keine Liebe mehr.

O-Ton Anne Höver (»Julie«):
Also, hab ich das jetzt recht so verstanden: Die eine flüchtet ins Saxophonspielen und hält sich daran fest, und die andere flüchtet in die Leistung und hält sich daran fest.

O-Ton Eugen Drewermann:
Ganz genau. Ich denke, daß der Vater eigentlich zwei Töchter hat, die wie die linke und die rechte Hand aufeinander bezogen sind. Ich stelle mir im Hintergrund dieser beiden Geschwister einen Vater vor, der sehr doppelbödig die eine Tochter dazu zwingt, sich mit ihm selber, mit seiner Rolle

zu identifizieren. Die besteht darin, Geld zu verdienen und Geld auszugeben. Geld ist ein Fetisch, ein Ersatz für Liebe. So empfindet es Julie sehr stark, als sie in den Konten blättert und sieht, was ihre Schwester bekommen hat – nicht seelisch, sondern materiell. Darauf ist sie neidisch. Auf der anderen Seite braucht der Vater nicht nur eine Tochter, die mit ihm identisch ist im Sinn des Tüchtigseins, des Erfolgreichwerdens, er braucht vor allem eine Tochter, die abhängig ist von ihm und an der er sich beweisen kann als jemand, der etwas zu geben hat. Und beide Töchter müssen diese gegensätzliche Rolle, aufgespalten in ihrem Leben, zu verkörpern versuchen. Die eine – die Julie – muß sein wie ihr Vater. Und die Christine muß das Gegenüber der Abhängigkeit sein, damit Vater überhaupt weiß, wofür er lebt. Das Paradoxe ist, daß Julie am Ende alles erreicht, außer dem, wonach sie im Grunde strebte: Liebe und Zuneigung. Sie ist autark.

O-Ton Mona Vogl (»Christine«):
Und dadurch daß die einzelnen Personen bestimmte Rollen erfüllen müssen in diesem Spiel, kann es natürlich auch nicht zu echten Beziehungen kommen. Es muß dann immer ein Spiel bleiben mit bestimmten Funktionen und bestimmten Rollenzuweisungen, die jeder erfüllen muß. Wenn man das so sieht, wie Sie das vorher gesehen haben, ist das die eigentliche Schuld, daß die wirklich alle nur ihre Rolle spielen müssen und keine echte Kommunikation auftauchen kann.

O-Ton Eugen Drewermann:
Das denke ich, ist das Schlimme, gerade weil der Film Gestalten zeigt, die so alltäglich sind. Es wagt im Grunde kein Mensch zu leben, was in ihm selber vor sich geht. Es heuchelt jeder auf seine Weise, tut Dinge, die er gar nicht will,

würde aber subjektiv jederzeit verteidigen, daß er ein glücklicher Mensch ist, daß er erfolgreich ist, keinen Grund haben wird sich zu ändern; auch am Schluß des Films, kann man voraussetzen, wird es immer so weitergehen. Christine macht sich Gedanken über die Einsamkeit von Julie, aber im Grunde wünscht sie sie nach Hamburg.

O-Ton Mona Vogl (»Christine«):
... es ist Heuchelei, es ist einfach Heuchelei.

O-Ton Eugen Drewermann:
Sie wünscht ihre Schwester herbei zum Begräbnis ihres Vaters, aber Julie kann gar nicht mitgehen. Es ist wie eine Reise zum Nordpol, als sie ankommt in München. Die Gefühle sind erfroren, die Beziehungen nur noch dargestellt in Aktionen oder in Chiffren. Es gibt keine Gesprächsmöglichkeiten untereinander, jeder monologisiert vor sich selber und in sich selber, mit mäßiger Fähigkeit, über sich klar zu werden. Es ist ein Arrangement der Unverbindlichkeit, und ich finde es erschütternd an dem Film, daß er Menschen zeigt, wie wir normalerweise sind.

O-Ton Anne Höver (»Julie«):
Sehen Sie das jetzt allgemein zeitspezifisch, also ist es gesellschaftsspezifisch für unsere Zeit, oder sehen Sie dahinter mehr, ist es etwas allgemein Menschliches, vielleicht sogar etwas Archetypisches?

O-Ton Eugen Drewermann:
Ich glaube, es ist beides. Es ist zum einen in der Art, wie der Film es zeigt, ganz sicher viel in unserem Kulturkreis angelegt, um Menschen zu nötigen, sich selber zu verfehlen. Dazu gehört die grausame Überschätzung des Geldes. Wir definieren das, was wir sind, nach dem, was wir haben, und

48

umgekehrt müßte es sein, um menschlich zu werden. Wir alle sind Sklaven des Geldes. Und es zerbricht vieles an Kontakt und Möglichkeit des Austauschs. Vor allem haben wir nicht gelernt, aufeinander so einzugehen und zuzuhören, daß dabei Gefühle, Symbole, ein Stück Poesie der eigenen Person zum Tragen käme. Wir verwalten die Umgebung und unser eigenes Leben mit einer Herrschaftssprache: Was muß man machen? Wie soll man dies und das bewältigen? Das läßt keinen Spielraum für Versuch und Irrtum, für Selbstentfaltung und Freiheit, für die Spielräume, die ein Mensch braucht, um selber zu leben. Ich glaube, daß da vieles vorgegeben und geprägt ist durch die Art, wie wir in unserem Kulturraum leben. Das muß nicht so sein.

Darüber hinaus ist es aber sehr bemerkenswert, daß die Völkertraditionen fast aller Zeiten und Zonen von einem Geschwisterpaar sprechen, das sich selber auf Tod und Leben bekämpft, die Geschichte von Kain und Abel am Anfang der Bibel, oder Jakob und Esau später, Lea und Rachel – alles das sind Gestalten von Geschwisterpaaren, die sich wie hell und dunkel, wie Tod und Leben, wie Kampfatome gegeneinander richten und sich verzahnen an dem Problem, wie bekomme ich so etwas wie Anerkennung, Bestätigung, so daß ich selber Fuß fassen kann auf dieser Erde? Kein Mensch wird auf die Welt kommen ohne zu wissen, wo es ein Gegenüber seiner Liebe gibt. Wenn diese Frage nicht mehr klar beantwortet ist, beginnt das Problem von Kain und Abel. Hier im Film und in den Völkermythen allenthalben.

O-Ton Anne Höver (»Julie«):
Jetzt würde mich doch sehr interessieren: Unter welchen Bedingungen ist diese Frage klar beantwortet?

O-Ton Eugen Drewermann:

Wenn man es von der Bibel her betrachten will, muß man sagen, die Erzählung des verfeindeten Brüderpaares beginnt mit der Vertreibung aus dem Paradiesgarten. Das heißt, der Konkurrenzkampf, die erbarmungslose Konfrontation in den eigenen Ansprüchen, beginnt in einem Klima und Feld des Verstoßenseins, der Fremdheit, der Leere. Und wir alle haben mehr oder minder gelernt, daß man geliebt wird nur, wie in der Geschichte von Kain und Abel, wenn man Opfer bringt. Man muß tüchtig sein, man muß etwas leisten. Man muß die schönsten Dinge, die man produktiv und kreativ in die Welt setzt, am Ende verbrennen, um bestimmten neidischen und eifersüchtigen Göttern Huld abzuringen. Ganze Teile sogar unserer Religion, glaube ich, sind geprägt von Angst, Schuldgefühlen und Furcht. Und daß es nicht ein selbstverständliches Vertrauen gibt in den Wurzelgrund des Daseins, das im Grunde ist das Problem von Kain und Abel. Wenn Sie eingangs fragten, was ist die Schuld der Akteure in dem Film: Ich glaube, daß wir nie eine vernünftige Antwort bekommen, wenn wir diese Frage rein moralisch beantworten. Die Moral kann danach fragen, was muß ich tun?, wie verhalte ich mich richtig? Aber dieses Gefälle von Schuldverzahnung und Tragik des menschlichen Lebens beginnt eigentlich, auch in der Kain-und-Abel-Geschichte, mit Personen, die verzweifelt bemüht sind, alles richtig zu machen, nur gut zu sein, und die auf ihrem Weg sogar sehr weit kommen. Deshalb müssen sie scheitern, an sich selber und den anderen, weil sie sich selber immer weiter wegrücken.

O-Ton Anne Höver (»Julie«):

Damit gehört eigentlich das Scheitern zum Menschsein dazu, es ist schon hineingelegt. Habe ich Sie damit jetzt richtig verstanden?

O-Ton Eugen Drewermann:
Jenseits von Eden unbedingt. In der Bibel geht es sogar so paradox zu, daß Gott selber zu Kain, noch bevor er den Mord begehen will, nur in der Sprache der Moral reden kann: Er soll das Böse, das vor dem Herzenseingang lauert, beherrschen. Kain tut das auch. Er versucht, sich selber unter Kontrolle zu bringen, arrangiert sogar noch ein Treffen zusammen mit Abel, seinem Bruder, und gerade während er es versucht, schlägt er ihn tot. Ich denke, daß wir das alle kennen. Wir bereiten Gespräche der Versöhnung vor und sagen am Ende genau das, was wir fühlten, noch ehe der andere zur Tür hineinkam. Im Untergrund arbeiten diese Gefühle, und sie lösen sich erst, wenn es möglich wird, ein Stück Wahrheit von sich auszusprechen, ohne Angst haben zu müssen vor Ablehnung und Zurechtweisung. Ich weiß heute keine bessere Antwort als die der Psychoanalyse. Wir müßten imstande sein, Menschen reden zu lassen, so daß sie aufhören, sich selber ständig zu zensieren bis in die Nächte und die Träume hinein. Und wir müßten imstande sein, ein Vertrauen zu gewinnen, bei dem auch der andere, das Gegenüber im menschlichen Leben, zunächst mal gelten läßt, was im Herzen des anderen lebt.

O-Ton Mona Vogl (»Christine«):
Da stellt sich mir die Frage: Wie kommt das, daß man dieses Urvertrauen eigentlich nicht hat? Woher kommt das, daß wir uns nicht trauen, unsere Gefühle zu zeigen, uns zu öffnen?

O-Ton Eugen Drewermann:
Wir haben ständig so vieles an Schuldgefühlen, an Ablehnung und an Angst verinnerlicht. Das läuft seit Kindertagen ständig mit.

O-Ton Mona Vogl (»Christine«):
Das sieht man ja auch an dem Vater, wie er es seinen Kindern weitergibt, jetzt konkret in dem Film.

O-Ton Eugen Drewermann:
Ja, und wie die beiden miteinander leben müssen, auf dem Hintergrund. Ich könnte sehr wünschen, daß zum Beispiel die Julie eine Chance wahrnimmt, spätestens jetzt nach dem Tode ihres Vaters. Sie hat im Leben ja doch wirklich etwas geleistet. Sie könnte die Bestätigung, die sie vom Vater erwartet, in gewisser Weise längst sich selber geben und sich nach und nach einen milderen Umgang mit dem eigenen Leben und der eigenen Person angewöhnen. Das Paradoxe ist, daß sie ständig auf die Anerkennung von jemandem hofft, die sie nie bekommt. Sie könnte sie aber sich selber geben.

O-Ton Anne Höver (»Julie«):
Sie blockiert sich selbst damit, daß sie um etwas ringt, was aussichtslos ist. Jetzt frage ich mich: Wenn sie anders wäre, also wenn sie den Versuch machen würde, offen zu sein und vielleicht mit ihrer Schwester ein offenes Gespräch zu haben, vielleicht ihren Haß offen zu gestehen, oder wenigstens den Versuch machen würde, eine wahrhaftige Beziehung zu riskieren; dann müßte sie ja ein Risiko eingehen, das sie in ihrer Ungeborgenheit und in ihrer Einsamkeit möglicherweise nicht eingehen kann, weil ihr die Verhaltensalternative fehlt. Hat sie eine Chance?

O-Ton Eugen Drewermann:
Sie brauchte dringend einen Menschen, der es ihr erlaubt, von ihrer Autarkie herunterzukommen: daß es möglich ist, etwas in Empfang zu nehmen, ohne beleidigt zu sein. Und umgekehrt, daß sie sich selber anerkennen kann für das, was sie aus sich gemacht hat, und das ist nicht wenig. Die Frage

aber ist, wie kann man miteinander so reden, daß es nicht verletzt? Und wie kann man das Vertrauen gewinnen, das der andere gelten läßt? Ich glaube tatsächlich, es gehört zur Wahrhaftigkeit im Umgang miteinander ein gewisses religiöses Moment an Vertrauensvorschuß. Ich muß riskieren dürfen zu scheitern, selbst an Menschen, die mir nahestehen und äußerst wichtig sind. Es darf für mich nicht tödlich sein, sonst werde ich immer wieder gezwungen sein, mich zu verformen und vorschnell anzugleichen. Ich gäbe etwas darum, wenn im Raum unserer Gesellschaft, mindestens im Raum unserer Kirche, die Möglichkeit bestünde, als erstes sich fragen zu dürfen, wer bin ich selber und welche Möglichkeiten leben in mir?, statt zunächst und immer wieder als erstes die Frage aufzuerlegen, was muß ich tun und wie habe ich mich anzupassen? Erst wenn das Sein wichtiger ist als das Handeln, werden wir eine Chance bekommen, daß wir uns selber so zurückgegeben werden, wie Gott uns gemeint hat.

Eugen Drewermann

Böses tun aus Angst *

Das Meer von Leid im Verlauf der menschlichen Geschichte
ist unauslotbar tief. Tief sind auch die Quellen, aus denen
immer wieder in den Völkerüberlieferungen Bilder des Bösen aufsteigen, die sich in Mythen, in Märchen, in großen
Träumen verdichten, um darzustellen und transparent zu
machen, woran die Menschen leiden. Nicht nur von Fall zu
Fall, zufälligerweise, unvermeidbarerweise, sondern offensichtlich wesentlich, so daß es immer wieder neu sich rege-
nerierende und reproduzierende tragische Struktur besitzt,
in der Menschen gerade in moralischem Sinne nicht zunächst das Böse tun wollen, sondern wie von einer unheim-
lichen Macht dahin gedrängt werden, gerade das zu tun, was
sie am meisten vermeiden möchten. Diese Gegenfinalität
aller guten Bemühungen, diese unheimliche Unentrinnbar-
keit, diese wesenhafte, strukturelle Durchsetzung der
menschlichen Existenz in allen Daseinsbereichen durch die
Infektion des Bösen ist so stark, daß man – wohin man schaut
in der Völker- und Religionsgeschichte – Urzeiterzählungen
begegnet, die am Anfang schildern, was seit eh und je den
Menschen begleitet hat, zum Teil mit hervorbrachte, in der
Art wie er ist, und offensichtlich, wenn es keine Erlösung
gibt, ihn begleiten muß bis ans Ende der Tage.
Wenn wir uns hier mit derjenigen Erzählung beschäftigen,

* Gekürzte Fassung von zwei Referaten, die der Autor in der Rhabanus-
Maurus-Akademie in Wiesbaden-Naurod anläßlich einer Veranstaltung
»Zur Inszenierbarkeit des Bösen« im Juni 1985 vorgetragen hat. Ausführ-
lich behandelt ist das Thema in der dreibändigen Arbeit des Autors: Strukturen des Bösen. Die jahwistische Urgeschichte in exegetischer, psycho-
analytischer und philosophischer Sicht, Paderborn ⁶1987.

die für die Theologie christlicher Prägung zum Ausgangspunkt der Lehre über das Sündhafte und Sündige im Menschen geworden ist, der Erzählung von Genesis 3, 1–7, der
sog. *Sündenfallerzählung*, so deshalb, um im Rahmen eines
methodischen Ensembles aus historisch-kritischer Me-
thode, tiefenpsychologischer Reflexion und philosophi-
schen Diskursen der Komplexität dieser Bildersprache uns
so weit zu nähern, daß wir uns selber angesprochen fühlen;
denn das müssen wir. Indem die Bibel eine Geschichte erzählt, deren Akteure selber vorgestellt werden als *der* Mann
und *die* Frau, will sie offensichtlich etwas berichten, das in
jedem von uns in gerade dieser Weise statthat. Viele Fragen
in der Theologiegeschichte werden dadurch schon verwir-
rend, daß man nach dieser Erzählung meinte, sich historisch
erkundigen zu können, in der Art, ob es irgendeinen Sündenfall in Vorzeiten gegeben habe, der dann durch ein gewissermaßen ungerechtes Schicksal historischer Verknüp-
fung auch auf uns gekommen sei. Tatsächlich geht es bei
Urzeiterzählungen um Wesensschilderungen. Ihr Sinn ist
richtig verstanden, wenn wir an jeder Stelle uns fragen:
Inwieweit ist die dargestellte Geschichte meine eigene?; inwieweit finde ich mich so in ihr wieder, wie wenn ich mich
selber wahrheitsgemäß träumen würde?
Dabei ist bereits deutlich, daß – wenn es um eine Analyse
und Phänomendarstellung des wesenhaft Bösen geht – wir
es nicht zu tun haben mit Fragen zunächst der moralischen
Einordnung dessen, was konkret an Übertretung bestimmter gesellschaftsabhängiger Gesetze als verwerfbar erscheinen mag. Wenn der Mensch wesenhaft böse ist, dann nicht,
weil er im einzelnen Tun entsprechend der Auffassung der
Ethik sowohl gut als auch in der Schwäche seines Willens
und Verantwortungsgefühls böse sein könnte. Für die Ethik
ist die Überzeugung unerläßlich, daß ein Mensch frei ist,
gerade dann, wenn er böse handelt. Andernfalls wäre das

Böse nicht moralisch böse, ihm selber nicht anrechenbar, er selber jederzeit entschuldigt. An dieser Auffassung müßte die Ethik zerbrechen. Sie hat um ihrer selbst willen der Lehre von der rationalen Durchschaubarkeit der Handlungsabsichten und des dem Einzelnen zur Verantwortung aufgelegten Handlungsgeflechts im Umkreis der denkbaren und absehbaren Folgen zu bestehen.

Gerade dieser Meinung aber sind die Erzählungen nicht, mit denen wir uns am Beispiel der Sündenfallerzählung der Bibel beschäftigen möchten. Erzählungen dieser Art geht es nicht zunächst um die Frage, was Menschen tun, am Leitmaßstab einer bestimmten gesellschaftlichen Moral. Ihnen geht es wesentlich darum, wieso Menschen dahin kommen, böse zu sein. Was sie ontologisch dahin bestimmt, in allen Einzelhandlungen nicht mehr anders sein zu können als in Widerspruch zunächst nicht zu bestimmten, einordnenden moralischen Klassifikationssystemen, sondern wesentlich zum eigenen Wesensursprung.

Die Welt als Paradies

Damit bin ich eigentlich bei dem Ausgangsproblem, das sich am Anfang des zweiten Kapitels der Genesis die Bibel auferlegt. Der Kontrast ist deutlich, jedenfalls für den biblischen Erzähler, den wir den Jahwisten nennen, weil er den Namen Gottes mit Jahwe bezeichnet. Der Kontrast liegt darin, daß wir offensichtlich in einer Welt leben, die in allen Details dazu bestimmt ist, ein Umraum des Glücks, der Lebensfülle, der Daseinsfreude zu bieten, so daß unser Leben uns selber als ein Segen erscheinen könnte und müßte. Wohin wir schauen, könnte die Welt ein vollendetes Paradies sein. Ehe deshalb die Rede vom Bösen sein kann, gilt es, die Goldglanzfolie im Hintergrund zu sehen, vor der sich dann in schwarzen Konturen das abhebt, was sich in der wirklichen, menschlichen Historie abzeichnet. Die Welt, wie sie sein könnte, und die Weise, wie wir selber sein müßten, kennen wir. Das ist die Voraussetzung, sonst würde die Rede vom Bösen nicht ergehen können.

Die Frage ist: Warum sind wir ganz anders? Warum leben wir so, daß wir uns selber bis zum Unglück und Unheil verwüsten, die Welt ringsum bis zum Ruin bereit sind zu zerstören? Und selbst das, wonach die tiefste Sehnsucht in uns ist, die Liebe, in Qual deformieren? Woran liegt es, daß wir in Widerspruch zu uns selber, zur Welt ringsum, zum Partner an unserer Seite, mit einer solchen Zwangsläufigkeit und wie Besessene geraten? Das Geheimnis, diesen offensichtlichen Kontrast, den nun tatsächlich bösen Widerspruch nicht im Sinn des moralisch Bösen, sondern des Unheilvollen, Quälenden, des Zerstörerischen, wesentlich Destruktiven auszuformulieren, ist das Bestreben von ganzen sieben Bibelversen:

1. Mose 3,1-7

Die Schlange aber war listiger als alle anderen Tiere des Feldes, die Jahwe, der Gott, gemacht hatte. Die Schlange sprach zur Frau: »Obwohl Gott gesagt hat, von keinem der Bäume des Gartens dürft ihr essen«, da sprach die Frau zur Schlange: »Von den Bäumen des Gartens essen wir. Nur von dem Baum in der Mitte des Gartens hat Gott gesagt, eßt nicht davon, rührt nicht daran, sonst werdet ihr sterben«. Da sprach die Schlange zur Frau: »Sterben, sterben werdet ihr nicht, sondern wissend ist die Gottheit, daß am Tage eures Essens davon euch die Augen aufgetan werden und ihr selber sein werdet, wissend Gutes und Böses.« Da sah die Frau, daß der Baum gut zu essen sei und begehrenswert, die Augen weise zu machen. Und sie nahm von seinen Früchten und aß und gab auch ihrem Manne bei ihr, und auch er aß. Da gingen den beiden die Augen auf, und sie erkannten, daß sie nackt waren. Und sie flochten sich Schürze aus Feigenlaub.

Ich setze dahin, wie die Geschichte weitergeht, und werde es nachher noch ein Stück weit ausmalen, weil alles, was folgt, sich in Konsequenz dieser sieben Verse ergeben wird. _1. Buch Mose (Genesis) 3, 1–7 (Sündenfall)_

Der Mensch als ein Opfer der Schlange

Die erste Theorie, die wir in dem ersten Vers der Sündenfall-erzählung vom Bösen antreffen, ist eigentümlich und beachtenswert. Weitab von allen moralischen Satzungen, in denen das Böse gern in der Karikatur von Schwarz und Weiß gemalt wird, in der Logik eines von Anfang an gut verteilten Wild-West-Films, wird an dieser Stelle, wo die Bibel versucht, das Böse im Menschlichen zu begründen, der Mensch selber gezeichnet als ein von List hintergange-ner, als ein Opfer überlegener Raffinesse. So also müßte man das Böse betrachten: nicht als eine Folge ursprünglich bösen Willens, wie immer dieser moralisch qualifizierbar sein möge, sondern gerade umgekehrt als das Ergebnis eines Bemühens, etwas richtig Erscheinendes zu tun, das sich erst viel zu spät und hintergründig als dem entgegengesetzt er-weist, was man eigentlich dachte. Also ist die Problematik des Bösen nie, daß die Menschen nicht bekämen, was sie wollten; die Problematik des Bösen besteht darin, daß die Menschen aufs Wort erlangen, wonach sie greifen, nur ganz anders, als sie dachten.
Damit sind wir aufgefordert, den Menschen – auch ein Stück weit uns selber –, in Anbetracht des Bösen, das er tut, mit einem Plädoyer auszustatten für Verstehen und Mit-empfinden. Wir sollten das menschliche Wesen, gerade

58

Obwohl = obzwar, obgleich, obschon
ob = obgleich

wenn es seine ungeheuerlichsten Züge freisetzt, betrachten
als Opfer seiner selbst. Als Überlistete, Hereingelegte sollten wir die Menschen sehen. Die Frage ist, wie es die
Schlange fertigbekommt, den Menschen, der in der Welt
wie inmitten eines Paradieses leben könnte, in Widerspruch
zu setzen zu allem, was er ist, ihn umgibt und trägt.

Die erste Frage, deren immanente, zielgerichtete Überli-
stungskraft wir auf uns wirken lassen müssen, lautet: »Obwohl Gott gesagt hat, von keinem der Bäume des Gartens
dürft ihr essen ...« Ich gebe diese Worte so wieder, wie Martin Buber sie übersetzt; denn nur so gibt die Raffinesse sich
kund, mit der die Schlange redet. Es geht darum, daß eine
Frage formuliert wird, die anknüpft an etwas, das Gott ge-
äußert hat und dennoch Gott selber fragwürdig und hinter-
fragenswert erscheinen läßt. Gerade von dieser Art ist das
»Obwohl«, das wir je nach Akzent nun als Aufforderung
lesen können: »*Obwohl* Gott gesagt hat ...« Und dann
müßte man in Punkten ergänzen, was unaussprechlich und
auch noch ganz undenkbar ist, nämlich: dem göttlichen Be-
fehl zuwiderzuhandeln. Oder es ist eine echte Frage: »*Ob-*
wohl Gott gesagt hat ...« Und denkwürdig wird damit das
bis dahin dem Menschen völlig selbstverständlich Erschei-
nende. Es ist deutlich, daß die Schlange von einem Gebot,
das wirklich existiert hat: »Die Menschen sollen vom Baum
in der Mitte des Gartens nicht essen«, in einer Weise redet,
die übertreibend ist. Wenn man paraphrasieren will, was sie
sagt, müßte man etwa so formulieren: Wie die Menschen im
Garten der Welt sich aufführen, hat man fast den Eindruck,
als wären sie umstellt von ständigen Tabus. Alles ringsum
scheint wie verboten und die Menschen selber in einer Welt
befindlich, in der alles zum Greifen nahe und dennoch unter
Verschluß gehalten wird.

verdeutlichen
umschreiben

Oder vielleicht Ob Gott wohl gesagt hat, ...

59

Warum braucht D. nicht die Schreibweise:
Ob wohl Gott gesagt hat, von keinem ...... essen?

Nicht eine einfache Übertreibung, sondern ein Spiel mit dem Bilde Gottes waltet hier, wenn es stimmen würde, wovon die Schlange redet. Es gibt Mythen der Antike, die so beschaffen sind. Tantalus z. B., nachdem er den Göttern Menschenfleisch vorgesetzt hat, wird bestraft damit, in ewiger Pein inmitten eines Flusses zu stehen, dessen Wasser sich entzieht, wenn er nach ihm greift, und unter einem Apfelbaum, dessen Zweige ein Windstoß davonschnellen läßt, wenn er aus Hunger nach ihm greifen möchte. Gerade so halluziniert die Schlange die Menschen. Inmitten eines wunderbaren, glücksgegenwärtigen Paradieses und dennoch nur berechnet, den Menschen durch Verbot zu peinigen. Man kann nicht sagen, daß die Schlange behauptet, so wäre Gott. Das einzige, was sie tut, sie fragt, ob es so sein könnte. Dennoch ist die Perfidie des Ganzen bereits greifbar. Man kann nach Gott nicht fragen, und man kann das Wort Gottes nicht hinterfragen in einer solchen Spiellaune. Wenn man Gott in Frage stellt, um mit Jean Paul zu reden, wird ja nicht eine Erkundigung eingeholt wie nach der Existenz eines Kraken oder Einhorns. Je nach der Art, wie man Gott sieht, bricht dem Menschen eine Welt zusammen oder fügt sich zusammen.

Deswegen hat auch die Frau im nächsten Satz ein größtes Interesse, Gott gegenüber jeder Verdächtigung seitens der Schlange in Schutz zu nehmen, indem sie Wort für Wort wiederholt, was Gott gesagt hat. Dies muß man, glaube ich, ganz deutlich vor Augen haben: In dem Moment, wo die Bibel schildert, wie sie sündigen, schildert sie den Menschen gerade nicht so, wie wir es womöglich seit dem Kommunionkinderunterricht hören, daß Menschen Sünder wären, z. B. durch Hochmut und Stolz: Die Menschen wollen sein wie Gott, und also müßten sie gedemütigt werden.

Das ist nicht die Geschichte, die wir in der Bibel vor Augen haben. Noch viel abseitiger ist die Theorie vom ausgemachten Stolz und Hochmut des Menschen. Man brauchte von der Tiefenpsychologie, vor allem Adlerscher Prägung, nur wenig Kenntnis zu haben, um nicht zu wissen, daß Stolz, selbst Überheblichkeit und Hochmut nie im Leben originäre Triebbedürfnisse des Menschen sind. Menschen, die sich selber zu gering, zu minderwertig erachten, werden über alles Maß hinaussteigen, um sich aufzuplustern und groß zu machen. So wie Sie es in der Äsopschen Fabel von dem Frosch finden, der sich angesichts eines Ochsen auf der Wiese voller Angst so voluminös aufbläst, daß er platzt. Dies ist der Etymologie nach sogar der richtige Begriff des Bösen. Etymologisch kommt das Böse von ›boe‹, aufgeblasen, voluminös machen. Wenn Menschen ihr Maß verlieren durch Überdehnung der festgesetzten Wesensgrenzen, sich verlieren, dann können sie nicht mehr anders sein als böse.

Auch davon, Menschen würden zu Sündern durch Ungehorsam, ist nicht die Rede in dieser Erzählung. Gerade nicht, daß die Menschen Gott widersprechen wollen, Gottes Willen übertreten wollen, ist ihr Problem, und selbst die Schlange könnte die Menschen nicht auf geradem Wege dahin bringen, Gottes Gebote zu überschreiten. Es gäbe überhaupt gar kein Motiv. Vielmehr sehen wir die Frau aufs Verzweifelte bemüht, Gott in Schutz zu nehmen vor jeder Verdächtigung. Gott hat gerade nicht so gehandelt, wie die Schlange insinuiert: die Welt als Paradies und unter Verbot gestellt. Er sagte: »Von allen Bäumen des Gartens dürft ihr essen, nur nicht vom Baum in der Mitte des Gartens.«

Das Mißverständnis der Frau

Und nun kommt etwas, das den Auslegern immer wieder ein- und aufgefallen ist, ohne recht gewürdigt zu werden, wie mir scheint. Die Frau fügt zu dem Gebot Gottes hinzu, »Rührt an den Baum in der Mitte des Gartens nicht, sonst werdet ihr sterben«. Davon hat Gott kein Wort gesagt, »Rührt nicht daran«, sondern »Eßt nicht!«.

Wir werden dessen Zeuge, daß die Frau bei dem Versuch, Gottes Wort zu zitieren, nicht vermag, es wörtlich zu wiederholen, ohne eine dramatische Verschärfung hinzuzufügen. Wir kennen vermutlich alle den Zustand, in dem wir so leben, daß wir, um einem Verbot treu zu bleiben oder etwas Verbotenem auszuweichen, buchstäblich mit erhobenen Händen durch die Welt gehen. Fragt man, in welchem Gefühlszustand solche Verschärfungen von Verboten notwendig werden, kann man es nicht anders sagen als im Zustand zutiefst erlebter Angst. Aus Angst geschieht es, daß jemand ein Verbot soweit auslegt, daß er aus dem Verbotsgegenstand einen Tabubereich, ein Berührungstabu macht. Nun muß man sehen, was sich geändert hat – in einer einzigen Frage. Man braucht nur die Koordinaten auszuziehen, um zu betrachten, was für die Frau aus Gott geworden ist. Indem sie gerade noch dabei ist, Gott zu verteidigen, kommt sie nicht daran vorbei, so von Gott zu denken, wie die Schlange es nicht sagte, die Frau aber gezwungen ist zu fühlen: daß er bereit steht, für eine Handbewegung als Würgeengel auf den Plan zu treten. Es ist jetzt Gott zuzutrauen, daß er Ernst damit macht, durch eine bloße Berührung den Menschen zu vernichten.

Das veränderte Gottesbild des Menschen

Es scheint plötzlich weit entfernt, daß Gott ein Gebot erlassen hätte um des Lebens und des Menschen willen. Jetzt ist es nach einem einzigen Satz der Schlange dahin gekommen, daß die Menschen Gott fürchten müssen. Und ein Motiv, ihm treu zu sein, vor allem in der Angst haben. Nicht nur Gott ist fürchterlich, es ist ihm zuzutrauen, Ernst zu machen wie ein Todesengel mit seiner Strafgewalt. Es ist sich auch der Mensch selber zum Fürchten. Denn die Hände, die das Vernichtende tun könnten, müssen gebunden bleiben mit den Fesseln der Angst. Die Welt wird unheimlich. Es gibt in ihr diesen Tabubereich, den man fortan meiden muß. Nicht nur etwas, sondern alles hat sich geändert. Das Paradies hat aufgehört zu sein, was es war. Die Menschen sind durch eine einzige Frage und die Angstbesetzung, die von seiten der Infragestellung Gottes ausgeht, in eine Welt geworfen, in der alle Schwerkraftlinien wie auf einer magnetischen Kugel in einem einzigen Punkt verdichtet sind, auf dem steht, daß er verboten ist. Es ist, als kämen die Menschen in all ihren Vorstellungen und Gedanken von diesem einen Gegenstand des Verbotes nicht mehr los. Und es ist dieses Wechselspiel von Angst, Faszination, Überwertigkeit, das zum Tabu gehört. Nur wenn wir dies verstehen, nach der Infragestellung Gottes, nach der Zwielichtigkeit, in die das Gottesbild selbst eingerückt ist, haben wir noch Menschen vor uns, die bei Gott und in dem Sinne gut sein möchten, sogar verzweifelt gut sein möchten. Deren Motiv ist aber jetzt wesentlich bestimmt von Angst – vor der Vernichtung, vor dem Tod. Der Gedanke, daß Gott den Menschen schützt, ist gerade dahin umgekehrt, daß Gott zu fürchten ist durch seine Todesdrohung, die eine reale Möglichkeit wird. Für ein Winziges steht er bereit. Nur wenn wir dies begreifen, ist deutlich, warum die Schlange jetzt im nächsten Satz, wohl vorbereitet, in das Getriebe der Angst, das sie selbst in Gang gebracht hat, genau auf den Punkt zielend sprechen kann und muß: »Sterben, sterben werdet ihr nicht.« Das ist ein krasser Widerspruch zum Wort Gottes. Das erste Mal, daß die Schlange sich getraut, Gott zu widersprechen. Aber es ist das einzige Wort, das die Menschen hören müssen, um ihre Angst zu beruhigen.

Alle Ausleger haben gemerkt, daß die Schlange in diesen Worten und in diesem Auftreten wie eine Retterin erscheint. Man hat deswegen gern geglaubt, die Schlange ist überhaupt religionsgeschichtlich ein Derivat aus bestimmten Heilslehren der Kanaanäer oder Amoniter, Ägypter, wo auch immer her. Tatsächlich ist das wieder nicht die Geschichte, die wir vor uns haben. Denn deren Problem ist, wie die Schlange als Retterin am Ende einer Sackgasse sich selber einführt, in die sie die Menschen zuallererst gejagt hat. Erst hier taucht die Schlange auf als jemand, der dem Menschen versichert, wie er ohne Angst, ohne Todesbedrohtheit sein Dasein einrichten könnte. Jetzt ist sie in der Tat eine Sympathisantin des Menschen und Ratgeberin. Aber sie tut es, indem sie augenblicks an gerade die Stelle tritt, an der Gott stehen müßte. Das, was von seiten Gottes her stimmt, wird jetzt ausgesprochen durch die Schlange. »Sterben werdet ihr nicht.« Im Sinne Gottes ist der Satz absolut korrekt, nämlich wenn ihr an den Baum gar nicht rührt. Aber das ist nicht, was die Schlange meint und was die Menschen hören müssen, um von ihrer Angst beruhigt zu werden. Die Rede der Schlange lautet umgekehrt: daß Gott selber Grund hat, den Menschen zu fürchten um seiner eigenen Macht willen. Welche Despoten sind am strengsten mit der Todesstrafe bei der Hand? Ohne Zweifel diejenigen, die sich selber am ohnmächtigsten fühlen. So die Logik der Schlange jetzt. Die Menschen fürchten den Gott, der mit dem Tod bestraft. Die Logik der Schlange aber lautet, daß, anders als die Menschen denken, umgekehrt Gott Grund hätte, Angst zu haben vor den Möglichkeiten des Menschen, wenn er sich ihrer bemächtigt und erinnert.

An der Stelle erst kommt die Logik von dem Streben nach Gottgleichheit. Erst nach einer langen Vorbereitung im Bannkreis und in der Fesselung der Angst und ihrer eigenen Dynamik und Mechanik tritt dieses Motiv jetzt auf. Die Umkehrung der Angst besteht darin zu begreifen, daß Gott Grund hat, Angst zu haben vor dem Menschen. Er ist ein Tyrann, aber die Erklärung dafür lautet, daß der Mensch keinen Grund hat, ihn zu fürchten. Denn Gott selbst will den Menschen erniedrigen um seiner eigenen Willkür und Herrschaftsgewalt wegen. Von diesem Moment an sind Mensch und Gott Gegensätze. Erst in der Logik der Thematik der Todesangst gelingt es der Schlange, aus Gott und Mensch Kampfpartner zu machen, die um dasselbe Terrain der Eigenmächtigkeit einander wie ewige Widersacher gegenüberstehen.

Die Frucht der Erkenntnis

Die Bibel erzählt dann weiter, was es auf sich hat mit dem Erkennen von Gut und Böse – noch wichtiger, daß mit einem Mal die Augen der Frau sich auftun und sie den verbotenen Baum sieht. In Genesis 2 hieß es von allen Bäumen des Gartens, daß sie lieblich sind zum Essen und gut zum Anschauen. Just dies erkennt die Frau verdichtet in einem einzigen Baum in der Mitte des Gartens der Welt. Das will sagen, alles was an Glück dem Menschen bereit stünde, verteilt über alles in unendlicher Vielzahl der Schöpfungsbreite, konzentriert sich nun in dem einen Punkt, der verboten ist. Was bis dahin als Angsttabu erschien, erweist sich jetzt als Hypnotisierung, als Fetisch geradezu überwertiger Glücksverheißung. Es gibt mit anderen Worten überhaupt keinen anderen Weg mehr zum Glück des Lebens als zu tun, was verboten ist. Gerade das Verbotene ist Inbegriff von allem, was der Mensch erhoffen und ersehnen kann.

So die Hypnose der Angst. Sie beginnt damit, daß die Menschen anfangen, Gott zu mißtrauen, daß sie in Frage stellen, was bis dahin gar keiner Frage wert war; daß sie selber von Angst heimgesucht werden, weil Gott ihnen nicht mehr sicher ist; daß sie, indem sie Gott treu sein möchten, aus Angst Gott zu fürchten beginnen wie einen Todesgegner; daß, um die Todesangst zu beruhigen, man Gott selber verdächtigen muß als Zwingherren, der um seine Eigenmächtigkeit kämpft. Und also muß der Mensch aufstehen, wenn er irgendwie noch des Glücks fähig sein soll, diesen Gott zu beseitigen.

Und nun kommt es gegen Ende sehr rasch, sich überschlagend, daß den beiden die Augen aufgehen und sie sehen – nämlich, daß sie nackt sind. Die Menschen bekommen, vor allem wenn man das hebräische Wortspiel an dieser Stelle mitbeachtet, bis ins Detail genau, was die Schlange versprochen hat. Denn nackt heißt ›aromim‹, und weise heißt ›aromim‹. Es ist im hebräischen Radikalbestand genau dasselbe. Bis aufs Wort hält die Schlange ihr Versprechen. Sie hat den Menschen im wörtlichen Sinne nicht betrogen und dennoch hereingelegt. Die Menschen verlangen, weise zu sein, und ihre Weisheit wird darin bestehen, zu wissen, daß sie nackt sind.

Wissen um Gut und Böse

An diesem Punkt haben wir auch den Schlüssel zu der Erklärung, was es in der Bibel bedeutet, zu wissen um Gut und Böse. Inhalt der Erkenntnis von Gut und Böse ist gerade das, wovon die Rede ist: die Menschen merken, daß sie nackt sind. Das waren sie alle Zeit vorher auch. Nur jetzt enthüllt es sich als ein Skandal. Und mit einem Mal bekommen wir auch in den folgenden Teilen den Schlüssel für die innere Dynamik, warum der Mensch es nicht mehr aushalten kann und wird, bei sich selber zu sein, beim anderen zu sein, und warum ihm buchstäblich die Nacktheit zur Tyrannei der Bosheit wird.

Gemeint ist, daß es jetzt, getrennt vom Hintergrund Gottes, keinen Grund mehr gibt, in seiner eigenen Kontingenz, in seiner eigenen Erbärmlichkeit sich selber annehmen zu können. Ich will es so ausdrücken: Ein Mensch kann nicht vermeiden, wenn er seiner bewußt wird, seine Mangelhaftigkeit, in gewissem Sinn seine Lächerlichkeit, seine Ohnmacht, seine Niedrigkeit, seine Verwundbarkeit, seine Ausgesetztheit zu bemerken. Es gibt nur zwei Weisen, darauf zu reagieren. In der Art des Paradieses wird man denken, es ist gut genug – ja es ist nicht nur gut genug – es ist in sich ohne Hinzufügung gut – so zu sein, wie man ist. Man ist sich selber nicht nur gut genug, man hat ein Gespür für die Würde und die Schönheit, mit der wir auf die Welt gekommen sind. Aber dann ist es notwendig zu merken, daß es hinter uns einen Willen gibt, der möchte, daß wir sind. Anders ist derselbe Entdeckungspunkt, unsere Nacktheit, ein Skandal, eine Zumutung. Etwas, für das wir augenblicks Grund haben, uns zu schämen und gegen das wir anarbeiten müssen, weil wir nicht so sein können und dürfen, wie wir sind. Gleich neben uns wird der andere, unser Mitmensch, uns entdecken und mit der Bitterkeit der Kritik uns anklagen, anschauen, so daß es uns um jedes Ansehen und jede Ansehnlichkeit bringt.

Der Mensch und die Scham

Scham wird die Struktur unserer Daseinsnot werden. Denn ohne eine Rechtfertigung in Gott bleiben wir nichts als mangelhaft. Und wir werden jetzt dagegen ankämpfen, mangelhaft zu sein – im Versteckspiel, in der Lüge, in der Darstellung dessen, was wir nicht sind, in Maskentragen, in »Dem-anderen-Entweichen« in bezug auf alle Bloßstellen, die der andere bemerken könnte. Wenn die Rede ist von Scham, muß man hinzufügen, es ist der Anfang aller Lüge. Ich sage an dieser Stelle schon, daß damit der Aberglaube, Gut und Böse lasse sich moralisch bestimmen und sogar moralisch zähmen, aus dem Feld geschlagen ist. Denn wir werden entdecken, daß jede Scham Kultur zerrütten muß und den Menschen zwingt, in Abarbeitung seiner Schändlichkeit alles zu tun, was man böse nennen muß. Als erstes das Verlügen des Lebens. Man kann zu sich nicht mehr stehen, wie man ist. Dies ist die Basiskrankheit jedes Wortes, jedes Umgangs mit sich selbst und mit den anderen.

Jede Mitmenschlichkeit wird daran scheitern, im Sinne dieser Erzählung, daß wir miteinander leben müssen, der Glaube aber ganz und gar abhanden gekommen ist jenseits von Eden, es könnte ein Mensch uns so lieben, wie wir sind. Käme ein anderer dahinter, wie wir sind, er würde das Grausen kriegen und weglaufen oder uns Vorwürfe machen. So müssen wir ihn täuschen, um liebenswert zu sein, und schon beginnt die ganze Kalamität. Aus der Liebe wird ein Fluch. Gott selber kann nicht anders, als seine eigene Schöpfung dem Menschen auf eine Weise zu präsentieren, daß man sich verwünschen möchte. Es soll fortan, sagt Gott über den Menschen, der Mann herrschen über die Frau. Das sagt ein Autor, der ganz und gar in der partriarchalischen Welt des alten Orients lebt und findet, daß der Patriarchalismus der erste Fluch nach dem Sündenfall ist. Die Verformung der Liebe zur Machtstruktur. »Du aber walte ihr ob«, spricht Gott zum Mann über die Frau. Sie wird Methoden haben, sich zu rächen. Aus der Liebe wird ein endloser Zweikampf der Geschlechter. Dies liegt daran, daß kein

Mensch im Bannkreis der Scham und Schändlichkeit seiner selbst ein Gefühl für das aufbringt, was er wert ist und sich also getraut, nackt zu sein. Im gleichen Tempo geht es weiter. Man wird gegen die Welt anarbeiten, denn die Sterblichkeit und Endlichkeit des Menschen sind ein Verhängnis. Man kann nicht mit dem Tod leben, wenn das Leben selber des Sinns entbehrt. Und es wird seiner entbehren. Die Mangelhaftigkeit wird eine ständige Pein zur Überanstrengung, zur Überarbeitung. Dann auch ist die Welt erfüllt voller Sinnerwartung, die sie nicht einhalten kann. Sie besteht ringsum aus Stechdornen und Sträuchern, die man ausreißen muß wie Unkraut, umgekehrt zum Anbau von Nutzpflanzen. In diesem Tempo kann und müßte ich jetzt weitererzählen.

Jenseits von Eden

Ich will mich begnügen, nur noch ein einziges Bild wiederzugeben. Wir treffen die Menschen wieder jenseits von Eden als Vertriebene, Verlorene, Verjagte. Die Frage haben wir noch nicht beantwortet, was es auf sich habe mit dem Erkennen von Gut und Böse. Ich darf an dieser Stelle aber sagen: gemeint ist, daß alles, die gesamte Einrichtung der Welt, das Geschaffensein als solches, dem Menschen zum Segen, zum Glück und zum Vorteil wäre; ganz und gar daseinshaft gut bis in alle Sinnesbereiche hinein, wenn die Menschen im Einklang wären und sein könnten mit Gott. Getrennt aber aus Angst von der Grundlage ihres Lebens, verformt sich dieselbe Welt, deformiert und umqualifiziert sich dieselbe Daseinsstruktur von Heil in Unheil.
Die Menschen sind nicht anders, als sie vorher waren in ihrer Geschöpflichkeit. Aber eben Geschöpf zu sein ist fortan zum Verfluchen und zum Verwünschen. Nur Staub zu sein, abhängig zu sein von anderen Menschen, sterblich zu sein –

der Teufel soll uns holen. Lauter Wahrheiten, mit denen wir leben müssen und nicht können: Das bedeutet »Erkennen von Gut und Böse«. Das ist die einzige Erkenntnis, die wir bloß erwerben konnten durch die Sünde. Die einzige, die ein guter Gott hätte ersparen müssen. Wir treffen, sage ich, die Menschen jenseits von Eden wieder, und erschüttert genug wieder. Sie bemühen sich als erstes, die Gnade eines zürnenden Gottes zurückzuerwerben. Sie bemühen sich verzweifelt, wiedergutzumachen, was an Schuld existiert.

Kain und Abel

Haben Adam und Eva gesündigt durch Übertretung eines Verbots, möchten Kain und Abel, ihre ersten Söhne, gerade dies rückgängig machen. Wir haben jetzt eine Religion vor Augen, wie wir sie kennen in der Religionsgeschichte: Man erwirbt die Gnade eines zürnenden Gottes durch Opfergaben. Weit entfernt, wie die Exegeten meinen, darin einen Fortschritt in der Kultur zu sehen, meint der Jahwist, dem wir den Text verdanken, daß wir in der Treibkraft der Angst weiter entfernt sind von Gott denn je. Und vor allem ist es nicht möglich, auf diesem Wege die Angst im Untergrund zu beruhigen.

4 – 2 – 8   Abel wurde ein Schafhirt, Kain wurde ein Diener des Ackers.
Nach Verlauf der Tage wars,
Kain brachte von der Frucht des Ackers IHM eine Spende,
und auch Abel brachte von den Erstlingen seiner Schafe, von ihrem Fett.
Gott — ER achtete auf Abel und seine Spende,
auf Kain und seine Spende achtete er nicht.
Das entflammte Kain sehr, und sein Antlitz fiel.
       senkte finster seinen Blick

ER sprach zu Kain:
Warum entflammt es dich? warum ist dein Antlitz
gefallen?
Ists nicht so:
meinst du Gutes, trags hoch,
meinst du nicht Gutes aber:
vorm Einlaß Sünde, ein Lagerer,
nach dir seine Begier –
du aber walte ihm ob. *herrsche über sie*
Kain sprach zu Abel, seinem Bruder.
Aber dann war's, als sie auf dem Felde waren:
Kain stand auf wider Abel seinen Bruder und tötete
ihn. (Übers. von Martin Buber)

John Steinbeck hat in dem Roman »Jenseits von Eden« diese
Geschichte in Genesis 4 zu beschreiben versucht, um zu sagen: So handeln wir alle. Wir versuchen, die Frage zu beantworten, wie wir akzeptabel sind, angenommen werden
können. Ein jeder tut das, indem er das Beste opfert und
produziert, was er nur kann. In der Hoffnung, wenigstens
wenn er sich so tüchtig, so fleißig, so angesehen macht als es
irgend geht, und wenn er all das noch nicht einmal für sich
selber gebraucht, sondern investiert und opfert, mindestens
dann wird man ihn mögen. Wenn er soviel schenkt und darbietet, als nur irgendwie geht, mindestens dann.
Das Problem der Kain-und-Abel-Geschichte ist, daß es auf
der Stelle neben uns einen anderen geben wird, unseren
Bruder, unseren Mitmenschen, der von den Startlöchern
her – die Natur ist ungerecht – besser ausgerüstet ist, mehr
zu investieren vermag, ungleich im Vorteil ist; nicht aus
Gründen der Gerechtigkeit, einfach so. Und diesen anderen
werden wir an die Wand stellen müssen auf dem Weg zur
Rückgewinnung einer verlorenen Liebe. So sind die Ge-
fängnisse der Welt voll von Mördern, die eigentlich nichts

weiter wollten, als daß es jemanden gibt, der sie liebt. Und insgesamt ist jede Aggression mobilisierbar einzig aus dem Verlangen nach einer Liebe, an die wir schließlich nicht mehr glauben können. Das Paradox des Jenseits von Eden ist, daß wir beim Bemühen, Gottes Gunst zurückzugewinnen, zu mörderischer Konkurrenz untereinander antreten. Und wieder kommt die Moral zu spät. Gott selber redet plötzlich moralisierend zu Kain. Die Sünde ist, wie ein Lagerer, vorm Herzenseingang. Und wieder, »Du aber walte ihm ob«. Und einzig übersetzt an dieser Stelle erneut Buber ganz richtig; »aber« muß es unbedingt heißen in Genesis 4,8. »Aber, dann war es, als sie auf dem Felde waren, auf stand Kain gegen Abel, seinen Bruder.« Dieses »aber« bedeutet, daß Kain noch einmal versucht hätte, was Gott will, genau wie Adam und Eva, und hätte versucht, mit seinem Bruder zu leben, nur es wäre nicht gegangen. Im Rückstau gerade dessen, was er beherrschen wollte, brach es durch, stand in ihm auf. Und er wurde zum Mörder, gerade weil sein Bruder ihm so nahe stand. Wäre er ihm ferner gewesen, um Lichtjahre entfernt, wir Menschen könnten miteinander leben. Aber nicht so dicht.

Gefangene der Angst

Diese Geschichte meint, so geht es zu, wohin Sie blicken: Kain und Abel. Auf allen Etagen, auf allen Rängen – überall. Ein erbarmungsloser Konkurrenzkampf um Ansehen, Anerkennung, eigentlich um Liebe. Man investiert alles: eine Schlacht aller Kostbarkeiten auf dem Verbrennungsaltar Gottes.

So schildert uns die Bibel die Tragödie des Bösen. Die Menschen sind Gefangene einer Angst, aus der sie zutiefst solange kein Entrinnen finden werden, als sie nicht erlöst werden durch die Macht des Vertrauens.

Auf diesem Hintergrund müssen wir verstehen, daß wir, wenn unser Dasein in seiner Totalität imprägniert ist von Angst, nicht anders können, als zu versuchen, diese Angst loszuwerden, vor uns selber weit wegzulaufen, indem wir uns bemühen, Freiheit nach Möglichkeit zu delegieren und zu beseitigen. Wir sind gehalten, Freiheit als ein hohes Gut zu begreifen, und das ist richtig. Wir geben uns selten Rechenschaft darüber, welche Kosten sie erfordert. Dostojewski hat in der Geschichte vom Groß-Inquisitor diese Frage von seiten des Teufels an Christus diskutiert, wieweit die Freiheit überhaupt mit dem Glück des einzelnen vereinbar sei und er imstande wäre, diese schwere Hypothek der menschlichen Existenz zu tragen. In der Tat glaube ich, daß man die gesamte Neurosenlehre der Psychoanalyse begreifen kann als eine Darstellung von Fehlverarbeitungsformen menschlicher Freiheit.

Neurotische Verarbeitung der Angst

Ich will nun sagen, daß wir aus Angst vor uns selbst, vor der Wesenstatsache, frei zu sein, verflucht zu sein zur Freiheit, in die Gefahr kommen, uns selbst zu isolieren, indem wir einen der vier Punkte, die zur Freiheit konstitutiv sind, als Fluchtburgen vor uns selbst aufsuchen.

Die depressive Neurose

Es ist möglich, daß wir vereinseitigt nur ins Unendliche verströmen. Dann haben sie die Neurosestruktur des Depressiven, von der ich gerade sprach. Es ist ein Versuch, alle Lebenssehnsucht unendlich zu setzen und ständig zu merken, daß diese Welt nicht trägt. Es ist ein maßloser Hunger, der die ganze Welt verschlingen könnte und nie daran Sättigung findet. Ein unendliches Verlangen, auch im Sinne von Verantwortung, die nie zu tragen ist, also eine Ewigkeit der Schuld. Sie mögen jetzt denken, das ist weit hergeholt und konstruiert. Ich kann es rasch belegen. Kein wirklich Depressiver, der nicht leiden würde in jedem Teilmoment seiner Äußerungen an dieser Verzweiflung der Unendlichkeit. Machen Sie die Probe. Rufen Sie nachts um 12 Uhr an und fragen, ob er dieses oder jenes noch könnte. Ein Depressiver wird, selbst wenn er wirklich nicht kann, größte Schuldgefühle haben, sich zu begrenzen, also darauf zu bestehen, endlich zu sein. Was in diesem Falle heißen würde, nein sagen zu müssen, zu sagen, es geht nicht. In der Verzweiflung der Unendlichkeit ist ein Depressiver gezwungen, alles – bis ins Grenzenlose hinein – sich auferlegen zu lassen, natürlich ohne sich abzugrenzen. Infolgedessen auch ohne das Recht, eigene Wünsche, die ihn definieren und bestimmen würden, an die Welt heranzutragen. So läßt sich diese orale Problematik der Sündenfallerzählung philosophisch und daseinsanalytisch auch deuten. Daß wir in gewissem Sinne aus lauter Angst zuständig dafür sind, unsere Freiheit zu beseitigen im Wahn einer verpflichtenden Unendlichkeit des Lebens und einer Überanspruchshaltung uns selbst und aller Welt gegenüber, inklusive der daraus resultierenden Schuldgefühle. Hinzufügen darf ich, daß ein Depressiver, wenn er schon selbst aus oralen Hemmungen keine oralen Wünsche haben darf, gleichwohl hoffen wird, andere möchten so wie er gewissermaßen hellsichtig herausfinden, was in ihm vorgeht und wessen er bedarf. In dem Märchen vom Mädchen ohne Hände in der Sammlung der Gebrüder Grimm lautet es einmal, daß ein Kind, dem man die Hände abgeschlagen hat, in die Welt geht mit dem Wunsch, mildtätige Menschen werden schon merken, was ich brauche, und es mir geben. So die Haltung der Depressiven.

3) Die Zwangsneurose

Wir haben schon erwähnt, daß es eine Verzweiflungsform auch der Notwendigkeit gibt, identisch mit der Zwangsneurose. Vor allem in der Kain-und-Abel-Geschichte habe ich versucht, ein Stück weit davon bewußt zu machen, wie Menschen leben, die nur die Frage haben, wie ich es erreiche, mein Leben als berechtigt im Sinne von »Es-muß-mich-Geben« zu erweisen. Diese Menschen werden sich ständig an einen vorgeschriebenen Apparat von Normen, von Daseins-Alibis klammern, die ausweisen, daß man so wie sie handeln und sein muß und gar nicht anders kann. Die vorgefertigte Festlegung bestimmt, daß es sie geben muß. Das Paradoxe ist, daß man auf diese Weise alles richtig und gleichzeitig auch alles falsch machen kann. Man hat das prachtvolle Zeug, ein Pharisäer zu werden. Man erfüllt hundert Gesetze, ist dabei aber weit weg von der Sprache des Neuen Testaments, von Verständnis und Barmherzigkeit.

In unserer Männergesellschaft sagt man, daß vor allem der männliche Teil sehr darunter leidet, so leben zu sollen oder zu wollen. In Tolstois »Anna Karenina« findet sich die Geschichte einer Frau, die an der Seite eines Mannes lebt, des Herrn Karenin, der alles lediglich richtig macht. Er ist ein Scheusal, dieser Herr Karenin, aber er macht alles richtig. Auch die Kirche ist auf seiner Seite, auch der Staat. Indem er keinen Fehler macht, nur ein Karrierist ist, ein Mann der Tadellosigkeit, bringt er seine Frau zur Verzweiflung. Sie verhungert, aber das ist kein Problem für die Karenins. Diese leben niemals selber, aber sie wissen in jedem Falle, wie *man* leben muß. Im Abstrakten allgemein und dann auch im Besonderen.

Die letzte Problematik ist, daß man sein Leben vertun kann in den Zerrformen der Möglichkeiten. Das ist die Geschichte der Hysterie. Sie taucht in der jahwistischen Urgeschichte auch auf in einer Passage von der Engelehe, ein ganz verrücktes mythisches Mythem, Genesis 6,1–4, wo die Göttersöhne finden, daß die Menschentöchter schön sind. Sie paaren sich mit ihnen und bringen Riesen hervor, Heroensöhne. Daraufhin beschließt Gott die Sintflut. So knapp wird der Text überliefert. Gemeint ist, daß man in eigener Daseinsohnmacht auf die Suche gehen kann nach einem Gegenüber, das einem Festigkeit verleiht. Der Zwangsneurotiker sucht seine Stabilität in der Notwendigkeit, in dem »man muß«, in der Geradheit oder in der Panzerung seines Charakters. Der Hysteriker gerade umgekehrt, wird nach einem anderen suchen, an dem er sich wie eine Liane an einem Baum festranken kann. Haltlos in sich selbst möchte er ein Gegenüber, das göttergleich ihn zum Notwendigen bestimmt. Er sucht also stets in der Liebe nach einem Halt, von dem aus alle Daseinsberechtigung überströmen wird. Deswegen sind solche Verzweifelte stets auf der Suche nach einem Gegenüber, sei dies ein Mann oder eine Frau, von absoluter Überlegenheit.

Angst – Schuld – Erlösung

Was hat das alles mit der Problematik der Schuld zu tun? Mit Angst, das ist verständlich. Aber mit Schuld? Ich komme zurück auf die Erzählung mit dem Sündenfall, die jahwistische Urgeschichte, und kann nun sagen: Weder die Paradiesgeschichte noch die Sündenfallgeschichte liefert eine historische Berichterstattung von etwas, das in zeitlichem Sinne war. Mythen mit einem solchen Tiefgang haben es zu tun mit Wesensstrukturen, die deshalb als begleitendes Symbol zur Deutung und Interpretation dessen, was sich immer wieder zuträgt, kollektiv wie individuell, auf den Plan treten. Von Schuld muß die Rede sein und von Freiheit, weil, selbst wenn inmitten der Daseinsnot und -angst von Freiheit gar keine Rede mehr sein kann, es Erlösung ja nur gibt, wenn sich Freiheit und eigene Kompetenz und Zuständigkeit in unserem Leben wiederherstellen läßt.

Damit bin ich eigentlich bei dem Thema der Erlösung. Und jetzt sage ich etwas ganz Paradoxes: Man kann diese Art von Lehre der Unausweichlichkeit und absoluten Zwangsgesetzlichkeit des Bösen im Grunde erst entwerfen vermöge der Erlösung, wenn man es überstanden hat, im Rückblick – wenn man es hinter sich hat. Zur Erlösungslehre weiß ich kein besseres Pendant als das Modell der Psychotherapie, wo mir die Erfahrungen von Angst und Schuld jeden Tag am tiefsten greifbar erscheinen; Gott-sei-Dank aber auch die Erfahrung, wie man dem entrinnen kann.

Das Paradox der ganzen Erlösungslehre des Christentums, daß man sterben und womöglich leiden muß, damit Freiheit sei, scheint mir in der Widersprüchlichkeit gelegen zu sein, mit der wir der Wiederentdeckung unserer Freiheit gegenüberstehen. Man sollte ja glauben, kein Mensch möchte etwas lieber, als sich selber für frei zu betrachten und frei zu leben. Die Wahrheit ist, daß das Gegenteil der Fall zu sein scheint. Vor nichts haben wir mehr Angst als vor unserer Freiheit, das sagte ich eben. Vor nichts mehr haben wir auch Angst, als inmitten eines gnadenlosen Feldes der Angst und Angstverbreitung so etwas wie Menschlichkeit wieder zu lernen. Je weniger wir selber existieren und je mehr wir vor uns auf der Flucht sind, ähnelt – so möchte ich es im Bild ausdrücken – unser Leben der Daseinsform von Eisblumen am Fenster. Sie mögen sehr schön aussehen, sie haben sogar Ordnungsmuster von hoher Symmetrie, sie organisieren sich in einer Vielfalt architektonischer Schönheit. Dennoch sieht das alles nur so aus wie lebendig, ein erster Wärmehauch darüber, und alles wird zerrinnen und zerfließen.

Das Leben von Menschen, die nur aus Angst bestehen, ist gerade so zu sehen wie das Unleben von Charaktermasken, die vereist und versteinert sind. Dante wußte das. Im sechsten Kreis der Hölle in der »Göttlichen Komödie« läßt er Menschen in einem Eissumpf stehen bis zu den Hüften, und ihre Gesichter tragen vereiste Masken aus geronnenen und gefrorenen Tränen. Denn durch die Welt geht der Eishauch einer endlos sich drehenden Klappermühle. Wenn wir so existieren müssen, kann es paradoxerweise die größte Angst machen, daß unsere schlimmsten Lebensanstrengungen völlig lebensüberflüssig sind.

Leben aus der Angst

Was ich immer wieder in Gesprächen erlebe, ist, was Dostojewski nannte »die furchtbare Gewalt und Macht der Sanftmut«. Die Psychotherapie sollte ja nichts anderes sein als ein Bemühen vorurteilsfreien Verstehens – Sanftmut. Was sie erzeugt, ist eine totale Verunsicherung der Mechanismen, mit denen wir uns für gewöhnlich vor uns selber und den anderen schützen im Feld der Angst. Die gesamte Lebensstrategie im Felde der Angst, die wir gelernt haben: Man muß tüchtig sein; man muß den anderen übertrumpfen; man muß ein Repertoire an Tricks haben; man muß vor allem alles richtig machen; man muß widerspruchsfrei und kritiklos sich als gleichberechtigt erweisen; man muß sich rechtfertigen können – bis in den Schlaf hinein, bis in die Träume hinein funktionieren unsere Selbstzensurmechanismen. Man muß ständig auf dem Quivive sein, jedem Vorwurf zuvorzukommen. Dies alles ist grauenhaft in dem Bestreben, alles richtig zu machen, weil wir uns dabei vertun.

78

Quivive (kiwiw)!
Worauf! Auf der Hut!

Es gibt die Wahrheit unseres Lebens am Ende gar nicht mehr. Wer wir selber sind, wissen wir nicht mehr. So daß Freud um 1900 ganz richtig erkannte, es hätte gar keinen Zweck, uns zuzuhören, wie wir reden. Es stimmt sowieso nicht, meinte er. Wie Leute am Stammtisch reden oder Männer mit ihren Frauen – man kann es vergessen. Denn sie reden nur, was sie glauben, reden zu müssen oder wovon sie glauben, daß es einen guten Eindruck macht. Spätestens wenn sie krank sind, merken sie, daß es einen miserablen Eindruck hinterlassen muß.

Wenn man also irgendwo anfangen will, dann am besten bei den Träumen, wenn die Leute gar nicht mehr reden und gar nicht mehr denken. Aber schlimm genug, selbst dann noch sind sie dabei, sich zu kontrollieren. Erst wenn man vielleicht im Verlauf von Jahren diese Zensur unterwandert, den Zollwächter am Übergang zum Bewußtsein genügend in Schlaf versetzt hat, werden die Träume wach. Und dann könnte man anknüpfen, vielleicht eines Tages Gedanken auch noch einmal neu zu sortieren. Was sich dann ergibt, ist mehr oder minder ein Zusammenbruch oft von allem Möglichen. In der griechischen Mythe von Jason und Medea ist die Geschichte einer Frau, die im fernen Kolchis ihren Vater und ihren Bruder verläßt, dem Griechen Jason zuliebe. Die einen Mord begeht, um ihm aus Liebe zu folgen, bis daß sie viel später entdecken muß, daß sie, die Jason über alles verehrt hat und ihm alles geopfert hat, ihre Heimat, ihre Herkunft, ihr Dasein, von Jason im Stich gelassen wird, weil er Kreusa liebt. Daraufhin gerät Medea in eine wahnsinnige Form von Rache und Haß, zerstückelt schließlich ihre Kinder und wirf sie Jason vor. Eine furchtbare Mythe, die man ohne weiteres in ein Familiendrama übersetzen kann. Eine Frau, die meint, sie kann nur geliebt werden, wenn sie alles darbietet. Und sie tut es auch, aber sie erlebt, daß sie ihre Liebe schließlich verliert und alles falsch macht. Am Ende hat sie Kinder, die nicht leben. Solche Geschichten gibt's im Ansatz.

Faßbinder hat mal einen solchen Film gedreht: »Ich will doch nur, daß ihr mich liebt.« Das ist die Geschichte eines jungen Mannes, der ständig mit riesigen Blumensträußen zu seinen Geliebten kommt. Er ruiniert jede Liebesfähigkeit, aber er bringt ständig Opfer, opfert sich selbst, traut sich selbst aber Liebe niemals zu. = bewusst?

Von diesen Geschichten ist das Leben voll. Und schließlich merkt man, daß man gerade aus lauter Angst alles falsch gemacht hat. Dies bedingt die Einsicht, daß man schuldig wurde. Nicht weil man es nicht gut gemeint hätte oder weil man nicht moralisch gewesen wäre – das war man im Übermaß –, sondern weil man Angst hatte statt Vertrauen und die Angst zur Lebensgrundlage erhoben hat. Man begreift plötzlich, daß das, was in der Angst immer notwendig schien, völlig überflüssig war. Ehe man dahinterkommt, wird man noch einmal geneigt sein, sein eigenes Dasein auf Leben und Tod zu verteidigen.

Da könnte man jetzt biblische Geschichten genug erzählen, die Geschichte etwa des Paulus vor Damaskus, daß man im Bestreben um das Recht zum Mörder wird, gerade weil man ahnt, wie wahr das Prinzip der Vergebung und Gnade sein könnte. Im Bestreben, das Recht zu verteidigen, läuft man schließlich herum wie ein aufgeklapptes Rasiermesser, um mit Büchner zu reden. Man kann selber nicht leben, läßt aber niemanden leben. So sprach Jesus einmal in einem apokryphen Wort über die Pharisäer: »Ihr seid wie Schweine am Trog; freßt selber nicht – laßt aber auch andere nicht fressen.« Genauso verhält es sich. Dies zu begreifen, bedingt durch die Einsicht, daß man schuldig ist nicht für irgend etwas, sondern im Ganzen – und am meisten für seine Angst.

80

✝ Blitzschlag der Vergebung und Gnade.

Die Fixierung auf die Angst

Wenn es eine Erlösung gibt, dann nur im Gegenüber von Menschen, die die dicken Wände dieser Welt ein Stück durchsichtig machen, so wie die Wände einer gotischen Kathedrale in den ausschwingenden Fenstern, durch die das Licht hereinfällt. Man macht am Ende gar nichts. Man eröffnet nur Räume, in denen die Frage »Wie muß ich sein?« abgelöst wird durch die bessere Frage »Wer bin ich selber und wer darf ich sein? Worauf darf ich hoffen?« Diese Umformung des ganzen Daseins ist, was man Heil und Hoffnung nennt, Erlösung von der Angst.

Noch einmal: Wieso kann man denn schuldig sein aus Angst und aufgrund der Angst? Kierkegaard versuchte, dies so zu skizzieren: Sie stehen auf einem Turm, schauen hinab, der Blick ist unvermeidbar, aber Sie werden schwindlig. Der Schwindel kommt zustande, indem das Gleichgewichtszentrum mit der Perspektive in Widerspruch gerät. Sie versuchen aus lauter Angst, dasjenige, worauf sie schauen, zum Zielpunkt ihrer Orientierung zu machen. Das ist die Tiefe der Angst. Das bringt das Gleichgewichtsorgan durcheinander, das den Zielpunkt in der Horizontalen ansiedelt. Diese Irritation führt zu einem Kreisen jetzt nur noch um die Tiefe, bis Sie unvermeidlich abstürzen. Aus lauter Angst entsteht eine Haltlosigkeit, die gerade in das hineintaumeln läßt, wovor man am meisten flieht.

Das Paradox, das Kierkegaard in Anschlag setzt, besteht in der Frage: Was wäre, wenn ich nicht hinabgeschaut hätte? Es ist eine Frage, die einem in der Angst nicht kommt. Insofern ist die Psychodynamik der Angst nicht aufzulösen, wenn sie für sich isoliert existiert. Erst kraft eines neuen Blickpunkts, wie wir ihn theologisch im Glauben ansiedeln, läßt sich die Dramaturgie der Angst und ihre Tragödie beenden.

zugeteilt

Ein Bild zur Überwindung der Angst

Ich möchte deshalb schließen mit dem Bild im Neuen Testament aus Matthäus 14,22–33, das diese Variante richtig wiedergibt, wie mir scheint, nämlich dem Mythos vom Seewandeln des Petrus über das Wasser. Sie kennen die Geschichte. Ich sagte, Schlange steht auch für Wasser, für Urgrund, für gähnendes Chaos, für Meer, für Urflut. Und so ist das ganze Leben, wenn wir es betrachten mit den Augen der Endlichkeit. Haltlos und kontingent ist die Struktur des Daseins. Die Frage ist aber jetzt, was wir tun. Es ist möglich, daß wir aus Angst nur den Wogengang sehen und nur den Sturm brausen hören. Dann wird die Macht der Tiefe uns unvermeidbar verschlingen. Es wird diese selbe See augenblicklich uns hinabreißen, aus Angst und weil wir die uns umgebende Welt als Totalität betrachten. Es ist die Erfahrung dieses Mythos, daß es auch möglich ist, die Gestalt vor Augen zu sehen, die vom anderen Ufer her auf uns zukommt. Dann ist der Wind genauso stark, und die Wellen sind genauso hoch. Dennoch beruhigt sich der Sturm und legt sich der Wogengang. Dies ist die Erfahrung, daß Angst im Gegenüber des Wesensbildes, zu dem wir wirklich bestimmt sind, zu dem Zielpunkt, auf den wir zugehen, und in Form der menschlichen Vermittlung im Vis-à-vis anderer Menschen, die wir so lieben, überwunden werden kann, daß die Wände dieser Welt sich öffnen.

Rettung durch den Mythos

In diesen drei Richtungen müßte der erlösende Mythos wesentlich werden, in Bezug zu *anderen Menschen* bzw. zur Gemeinschaft, zur *Natur ringsum* und zu *unserem eigenen Wesen* und den Tiefenschichten der Seele. Wo dies der Fall ist, formen sich Erzählungen, die uns retten. Ein solcher

Mythos zur Rettung ist das, woran wir im Christentum glauben, vor allem in Antwort auf die schweren oralen Schuldgefühle. Ich glaube, daß es kein besseres Bild gibt zur Umkehrung der Paradiesgeschichte und der Sündenfallerzählung als die rituelle Antwort in Gestalt der Eucharistie. Es ist noch einmal die Rede von einem Baum, einem verlorenen Paradies, für den die Kirchen stehen. Es ist das Mütterlichste aller Sakramente, sozusagen. Sonst besteht überall in der Religion die Frage: Was hast du getan? Wie besserst du dein Leben? Was mußt du tun, um mit Gott zurecht zu kommen? Einzig die Eucharistie erklärt, daß die Menschen ein Recht haben, zuerst einmal zu sein, und daß es Vergebung gibt bezogen auf das Dasein des Menschen selbst. Auf alles. Ich denke, so wird man wiedergeben dürfen, daß Gott das ist, wovon wir leben.

Mythos = Erzählungen, die uns retten.

Michael Helfer OFM Cap
(einer der Telefonseelsorger nach der ZDF-Sendung)

Die Beichte –
Ein christlicher Umgang mit Schuld

»Ich gäbe etwas darum, wenn im Raum unserer Gesellschaft, mindestens im Raum unserer Kirche, die Möglichkeit bestünde, als erstes sich fragen zu dürfen, wer bin ich selber und welche Möglichkeiten leben in mir?, statt zunächst und immer wieder als erstes die Frage aufzuerlegen, was muß ich tun und wie habe ich mich anzupassen?

Erst wenn das Sein wichtiger ist als das Handeln, werden wir eine Chance bekommen, daß wir uns selber so zurückgegeben werden, wie Gott uns gemeint hat.«

Eugen Drewermann [*]

Der Blick fällt in eine düstere mittelalterliche Kirche. Die Wände sind grau und kalt. Irgendwo in einer besonders dunklen Ecke scheint Leben zu sein. Dort steht ein schwarzer Kasten, der auf beiden Seiten mit violetten Vorhängen verdeckte Öffnungen hat. Immer wieder gehen Menschen mit bedrückten Gesichtern in diesen Kasten und murmeln leise mit einer nicht sichtbaren Person, die wohl auch in diesem Gehäuse sein muß. Ihre Haltung drückt Angst und Beklemmung aus. Nach zwei bis drei Minuten erscheinen sie wieder und gehen in eine Kirchenbank, um tief in sich versunken einige Zeit zu verharren.

[*] Siehe oben S. 53

So oder ähnlich stellen sich viele Menschen das Beichten vor, wie es seit dem Mittelalter in der katholischen Kirche Brauch ist. Beichten wurde für viele eine undurchsichtige, furchterregende Angelegenheit, ein Strafgericht für mehr oder weniger große Sünder. Kein Wunder, daß bei solchen Vorstellungen kein Mensch beichten möchte. Trotzdem kommen immer noch welche, die in der Beichte etwas anderes erleben, die hier einen Ort finden, um menschlich mit ihrer Schuld umzugehen. Ist die Beichte vielleicht doch der Raum, wo die Möglichkeit besteht zu fragen, wer bin ich selber und welche Möglichkeiten leben in mir?

Meistens wird diese Frage nicht gestellt, andere Fragen scheinen im Augenblick drängender; eigene Schuld wird als Defizit im Handeln erlebt, und so heißt das Problem: Wie muß ich handeln, um ohne Fehler vor Gott und den Menschen dazustehen?

Wenn sich das Problem so stellt, gibt es keinen Ausweg aus Schuld und Versagen, denn der Mensch erfährt jeden Tag seine Grenzen und Schwächen im Umgang mit anderen und mit sich selbst.

Die Erfahrung von Schuld und Sünde

> Ein Mann hatte zwei Söhne. Der jüngere von ihnen sagte zu seinem Vater: Vater, gib mir das Erbteil, das mir zusteht. Da teilte der Vater das Vermögen auf. Nach wenigen Tagen packte der jüngere Sohn alles zusammen und zog in ein fernes Land. Dort führte er ein zügelloses Leben und verschleuderte sein Vermögen. Als er alles durchgebracht hatte, kam eine große Hungersnot über das Land, und es ging ihm sehr schlecht. Da ging er zu einem Bürger des Landes und drängte sich ihm auf; der schickte ihn aufs

Feld zum Schweinehüten. Er hätte gern seinen Hunger mit den Futterschoten gestillt, die die Schweine fraßen; aber niemand gab ihm davon. Da ging er in sich und sagte: Wie viele Tagelöhner meines Vaters haben mehr als genug zu essen, und ich komme hier vor Hunger um. Ich will aufbrechen und zu meinem Vater gehen und sagen: Vater, ich habe mich gegen den Himmel und gegen dich versündigt. Ich bin nicht mehr wert, dein Sohn zu sein; mach mich zu einem deiner Tagelöhner. Dann brach er auf und ging zu seinem Vater. Der Vater sah ihn schon von weitem kommen, und er hatte Mitleid mit ihm. Er lief dem Sohn entgegen, fiel ihm um den Hals und küßte ihn. Da sagte der Sohn: Vater, ich habe mich gegen den Himmel und gegen dich versündigt; ich bin nicht mehr wert, dein Sohn zu sein. Der Vater aber sagte zu seinen Knechten: Holt schnell das beste Gewand und zieht es ihm an, steckt ihm einen Ring an die Hand und zieht ihm Schuhe an. Bringt das Mastkalb her und schlachtet es; wir wollen essen und fröhlich sein. Denn mein Sohn war tot und lebt wieder; er war verloren und ist wiedergefunden worden. Und sie begannen, ein fröhliches Fest zu feiern.

(Lk 15,11–24)

Ich bin nicht so, wie andere mich haben wollen

Wenn ich mich anpasse, falle ich nicht auf. Wenn ich brav bin, bekomme ich keinen Ärger. Wenn ich immer das tue, was andere von mir wollen, werde ich geliebt.
Nach diesem Schema wird versucht, das Leben zu gestalten. Nur nicht auffallen, heißt die Devise. Diese Lebenseinstellung wird von frühester Kindheit an trainiert. Oft geschieht

dies unter dem Deckmantel des Gehorsams. Eine christliche Tugend wird verstanden als Rezept für konfliktfreies Zusammenleben. Wenn ich dieses Rezept im Alltag befolge, geht es mir gut; wenn ich anders handle, als es meine Umgebung fordert, setze ich mich einem Druck aus, der unangenehm ist. Dieses unangenehme Gefühl wird oft mit Sünde verwechselt. Keinem Menschen aber wird es gelingen, immer so zu sein und so zu handeln, wie andere es erwarten. Der eigene Traum vom erfüllten Leben, körperliche und geistige Begrenzungen, Mangel an Zeit oder psychische Belastungen können die Grenze markieren, über die hinaus ein Eingehen auf den anderen unmöglich wird.

Ist es Sünde, wenn ein Vater oder eine Mutter es nicht mehr schaffen, in Beruf und Familie allen Erwartungen gerecht zu werden?

Ist es Sünde, wenn ein Jugendlicher das eigene Leben leben lernt und dabei in Kollision gerät mit den Wertvorstellungen der Eltern?

Ist es Sünde, wenn man beim ehrenamtlichen Engagement in Vereinen und Verbänden, auch in der Kirche, Prioritäten setzen muß?

Ist es Sünde, wenn ein alter Mensch sagen muß: ich kann diese Leistung nicht erbringen?

Ist es wirklich Sünde, wenn man sich selbst eingestehen muß, daß man nicht so ist, wie andere es haben wollen?

Das Gefühl des Ungeliebtseins durch die Umgebung schleicht sich ein, begründet oder unbegründet. Es entsteht der Zwang, immer perfekter zu handeln, immer mehr und Besseres zu tun, immer angepaßter zu werden, immer größere Leistungen zu vollbringen. Im gleichen Augenblick erfährt man die Ohnmacht, die Grenze, das Unvermögen jedoch um so stärker. Ein Teufelskreis beginnt.

Eine Zeit der Stille im Ablauf des Tages, ein ausfüllendes Hobby, ein ungezwungenes Gespräch, ein schöpferisches

Nichts-Tun werden nicht mehr als Bereicherung erfahren, sondern als nutzlos vergeudete Zeit, in der doch soviel für andere hätte getan werden können, in der ich mir soviel Anerkennung von anderen hätte verdienen können. Die Schuld dieser Menschen liegt also nicht in den Dingen, die sie als Sünde erfahren, in einzelnen Handlungen, die sie fehlerhaft getan oder ganz unterlassen haben, sondern im Versuch, allen alles recht machen zu wollen, um anerkannt zu sein. Das Streben nach Anerkennung um jeden Preis, das So-Sein-Wollen, wie andere mich haben wollen, führt zu immer neuen Schuldgefühlen.

Ich bin nicht so, wie ich mich haben will

Obwohl der Mensch durch seine Umgebung geprägt wird, bleibt ihm dennoch die Fähigkeit, über die Gestaltung seines Lebens selbst zu entscheiden. Die Wertvorstellungen, die durch die Erziehung vermittelt wurden, müssen irgendwann einmal bewußt bejaht oder verneint werden. Die Maßstäbe, die im Berufs- und Arbeitsleben gelten, die von der Umwelt gesetzt werden, müssen einmal akzeptiert oder abgelehnt werden. Der Mensch wird sich einmal für eine Lebensform entscheiden, von der er glaubt, daß sie ihn zu einem erfüllten Leben führen wird. Hunderte von kleinen und großen Entscheidungen sind notwendig, bis ich weiß: so will ich sein, so soll mein Leben ablaufen, so hätte ich mich selbst gern.
Alle Bereiche des Menschseins werden hierbei angesprochen und eingeordnet: Die Beziehung zum eigenen Körper, die Talente und Fähigkeiten, Beziehungen zu den Mitmenschen und zur Gesellschaft, der Glaube an Gott, der Traum von der Zukunft der Welt und des eigenen Lebens ... So will ich sein! Das ist die Idee, das Ideal meines Lebens! Wenn ich alles tue, um diesem Ideal zu genügen, wird das Leben ge-

lingen. Ich brauche mich nur anzustrengen, kleinere Unebenheiten ausgleichen, zielorientiert handeln – dann ist alles in Ordnung, dann bin ich selbst in Ordnung.

Und in jeder Minute des Tages kann man erfahren: Ich bin nicht so, wie ich mich haben will.

Permanente Unzufriedenheit mit sich selbst bis hin zur Resignation oder das Wegwerfen aller Ideale sind die extremen Formen, in denen diese Erfahrung ihren Ausdruck findet.

Ich kann mich nicht beherrschen im Essen und Trinken, im Rauchen.

Ich kann meine sexuellen Wünsche nicht abdrehen, wie man einen laufenden Wasserhahn zudrehen kann.

Ich kann mich in meiner Arbeit nicht so konzentrieren, wie ich es mir vorgestellt habe.

Ich verliere die Nerven und werde zornig, wenn mir etwas nicht gelingt.

Ich kann kein so guter Ehepartner sein, wie ich es mir vorgestellt habe.

Ich kann kaum etwas beitragen zu positiven Veränderungen in der Welt.

Ich kann nicht ...

Sind die Ideale falsch, die gesetzt wurden? Sicher müssen sie im Laufe des Lebens immer wieder überprüft werden. Aber das Wegwerfen der alten Ideale und das Ersetzen durch neue schafft keine Veränderung. Über kurz oder lang wird man vor der gleichen Situation stehen: Ich kann nicht ...

Ist es Sünde, immer wieder an die Grenzen der eigenen Fähigkeiten zu gelangen? Müßte die Frage nicht lauten: Wer bin ich selber und welche Möglichkeiten habe ich, mein Leben zu gestalten?

Gott hört alles; Gott sieht alles; Gott weiß alles. Er durchblickt das ganze Leben von Geburt bis Tod. Es gibt nichts, was ihm verborgen bliebe. So schreiben es die Psalmen, und so wurde und wird es in den christlichen Kirchen gelehrt. Noch perfekter als jede Form der modernen Überwachung, noch genauer als jeder Datenspeicher ist das Gedächtnis Gottes. Wenn man schon vor dem menschlichen Überwachungsstaat Angst haben muß, wieviel mehr muß man dann die göttlichen Fähigkeiten fürchten. Denn er ist ja ein strenger Richter, wie es in einem Kirchenlied besungen wird. Und er wird mit »Vater« angeredet. Welches Vaterbild lebt in mir, und was davon übertrage ich auf Gott? Für viele Menschen verbinden sich Begriffe wie »zürnen, strafen, rächen, verurteilen« mit diesem Bild. Da das ganze Leben für gläubige Menschen von Gott und seiner Zuwendung abhängig ist, muß alles versucht werden, ihn gnädig zu stimmen.

Wie in heidnischen Religionen auch gibt es überlieferte Formen, um diese Gnade Gottes zu erhalten. Man weiß ganz genau, was man zu tun oder zu lassen hat. Der Ablauf des Tages und des Jahres werden durch religiöse Übungen geregelt. Morgens und abends hat man zu beten in ganz bestimmten Formen, das Tischgebet darf nicht fehlen, freitags ist es untersagt, Fleisch zu essen, am Sonntag und an Feiertagen hat man in die Kirche zu gehen. Die Zehn Gebote der Bibel und die Kirchengebote hat man zu halten. Über erfahrenes Leid darf man nicht murren, sondern muß es aufopfern. Niemals darf man an Glauben und Kirche zweifeln. All das ist Sünde vor Gott. Sünde wird dabei verstanden als das Nichtbefolgen von Gesetzen und Vorschriften, die notwendig sind, um das Wohlwollen dieses Gottes zu erhalten.

Aber in jeder Minute erfährt der Mensch, daß er nicht in der Lage ist, richtig zu handeln vor Gott.

Das Gebet ist unandächtig.

Beim Gottesdienst gehen die Gedanken weg von der Liturgie.

Das Tischgebet wird vergessen.

Wegen Krankheit war eine Teilnahme am Gottesdienst nicht möglich. Manchmal kommen Zweifel an Aussagen der Kirche oder ihrer Amtsträger.

Aus all diesem Verhalten wird geschlossen, daß man nicht so ist, wie Gott einen haben möchte.

Daraus entsteht neue Angst vor diesem Gott, der nur begegnet werden kann durch um so eifrigeres Befolgen von Gesetzen und Vorschriften. Und je mehr sich der Mensch anstrengt, um so stärker wird das Gefühl der Sündhaftigkeit. Bei manchen führt dies zu einem fast krankhaften religiösen Zwang, aus dem sie sich selbst nicht mehr befreien können.

Ich bin nicht ich

Wenn der Blick auf das eigene Menschsein nur noch bestimmt wird von den anderen, von den eigenen Idealen oder von einem anerzogenen Gottesbild, wenn die Bewertung der eigenen Person abhängt vom Erfolg der richtigen Handlungen, fühlt sich der Mensch gespalten. Auf der einen Seite steht das Idealbild, auf der anderen der Versager. Niemand kann leben, wenn diese zwei Ich nicht miteinander versöhnt werden.

Manche Menschen sehen nur noch das Schlechte und Sündige, das Bruchstückhafte und Unfertige in sich und ihrem Leben. Schon am Morgen denken sie darüber nach, was der kommende Tag an Fehlern bringen wird. Jede Begegnung mit anderen fördert neue Schuld zutage; jedes Nachdenken über sich selbst führt nur zur einen Antwort: Ich bin ein Versager; jedes Gebet wird zur Leistung, die man Gott schuldig ist. Bei so viel Negativem ist es fast unmöglich, zu sich selbst Ja zu sagen, sich selbst anzunehmen und zu lieben.

Andere verdrängen diese Schattenseiten. Vor sich selbst und vor anderen spielen sie den perfekten Menschen. Alles, was nach Versagen aussieht, wird beiseite geschoben oder hinter einer Maske versteckt. Aufopferung für andere, »feste Preise« für sich und andere, Höchstleistung in frommen Übungen sind oft die Stützen dieser Haltung. Allem aber wird aus dem Weg gegangen, was irgendwo diese Lebenseinstellung in Frage stellen könnte. Denn wenn es einmal gelingen könnte, diese Maskerade als solche zu entlarven, stünde dieser Mensch vor dem Nichts. Das Kartenhaus, das er sich aufgebaut hat, würde auf einen Schlag vollständig zusammenfallen. Doch es wird der Zeitpunkt kommen, wo auch diese Menschen erleben müssen: Ich bin nicht Ich, ich habe mir und den anderen etwas vorgemacht.

»Das schlechte Gewissen«

ist Mangel an Begabung gemeint?

Nicht alles, was dem Menschen ein schlechtes Gewissen bringt, darf mit Sünde bezeichnet werden. Oft ist es das Gefühl der Begrenztheit, mit dem man nicht gelernt hat umzugehen.

Im Laufe des Lebens wird dieses Gewissen gebildet. Normen und Haltungen, die in der Gesellschaft Gültigkeit haben, werden verinnerlicht. Die Eltern und andere Miterzieher prägen den Menschen. Und wenn wir fragen, welche Werte und Haltungen heute wichtig sind im Zusammenleben, dann könnte man sie mit diesen Begriffen umschreiben:

Der Mensch zählt, was er besitzt.

- Der Mensch zählt, was er gelernt hat.
- Der Mensch zählt, was er leistet.
- Der Mensch zählt, welche Beziehungen er hat.
- Der Mensch zählt, wie er funktioniert.

Das hört sich vielleicht etwas einseitig an; aber sehr oft wird in Staat und Gesellschaft nach diesen Punkten gefragt. Auch die Kirche ist nicht frei von diesen Kriterien, nach denen ein Mensch beurteilt wird.

Wenn diese Wertvorstellungen Eingang in das Gewissen gefunden haben, wird die Frage nach Sünde sicher anders beantwortet, wie wenn zuerst gefragt wird: Wie hat Gott mich gedacht? Wie steht er zu mir? Und was habe ich durch mein Leben zu diesem Menschsein beigetragen oder nicht? Wenn diese Fragen ausgeklammert werden, bewußt oder aus geistiger Trägheit, dann beginnt Sünde, denn dann nehmen wir uns und den anderen die Chance, wirklich Mensch zu sein.

Und so kann eine christliche Erforschung des Gewissens nie beginnen mit der Frage, was habe ich falsch gemacht, wo habe ich unrichtig oder gar nicht gehandelt, sondern bei der Frage und der Besinnung, wie Gott zu mir steht.

Das Geschenk der Versöhnung

In jenen Tagen kam Jesus von Nazaret in Galiläa und ließ sich von Johannes im Jordan taufen. Und als er aus dem Wasser stieg, sah er, daß der Himmel sich öffnete und der Geist wie eine Taube auf ihn herabkam. Und eine Stimme aus dem Himmel sprach: Du bist mein geliebter Sohn, an dir habe ich Gefallen gefunden.

(Mk 1,9–11)

sind wir alle Jordan-Getaufte?

Das erste, was Gott uns Menschen zusagt, ist seine Liebe. In der Taufe nimmt er uns an als seine Kinder, als seine Söhne und Töchter. »Du bist mein geliebtes Kind. An dir habe ich Gefallen gefunden.« Diese Sätze gelten nicht nur für Jesus aus Nazaret, sondern für jeden, der sich auf diesen Gott einläßt. Hier in Europa werden meist kleine Kinder getauft, von denen sicher niemand behaupten wird, daß sie Sünden begehen. Aber schon in diesem Alter wird die Umgebung bemerken, daß hier ein sehr begrenzter Mensch lebt. Das Kind muß versorgt werden, es braucht Nahrung und Kleidung, Zuwendung und Zärtlichkeit, es kann den Erwachsenen viele schlaflose Nächte bringen. Bei einem kleinen Kind wird dies meist akzeptiert. Je älter jedoch ein Mensch wird, um so weniger finden wir uns mit diesen Schwächen ab. Daß aus dem unschuldigen Kind ein Erwachsener wird, der selbstverantwortlich leben möchte, der Fehler machen wird und Sünden und Schuld auf sich lädt, das können wir kaum annehmen. Besonders die Eltern leiden daran oft und können Gott und die Welt nicht mehr verstehen. Sehr rasch kann die Liebe dann erkalten, sehr schnell wird ein Urteil über diesen Menschen gefällt.

Gott nimmt mich jedoch an, wie ich bin. Er zieht seine Aussage über mich nicht zurück. »An dir habe ich Gefallen gefunden« – dies gilt bei Gott nicht nur für süße, kleine Babies, sondern auch für mich als schuldig gewordenen Erwachsenen.

»Du gefällst mir« – das sagen sich auch zwei liebende Menschen. Dabei spielen körperliche Schönheit, perfektes Auftreten oder ein bestimmtes Tun keine Rolle. Du gefällst mir, weil du dieser ganz bestimmte, unverwechselbare Mensch bist, den ich liebe. Und alles Handeln oder Nichthandeln wird die Liebe nicht verändern. Selbst wenn Außenstehende fragen, was findest du an der oder an dem, weißt du nicht, was das für ein Mensch ist, welche Fehler er hat oder was er alles falsch macht?, werden die Liebenden zueinander stehen, vielleicht erst recht!

So steht Gott zu mir. Nicht, daß er auf beiden Augen blind wäre und die Schuld nicht erkennen würde, in der ich mich befinde, aber er läßt mich deshalb nicht fallen, sondern er leidet an ihr mit. So paradox es klingt, meine Schuld wird seine Schuld, meine Sünde nimmt er auf sich. Dies wird für die Christen deutlich in Jesus, von dem im Gottesdienst gesagt wird, daß er das Lamm Gottes ist, das die Sünden der ganzen Welt getragen, d. h. mitgetragen hat durch sein Leben und Sterben und durch seine Auferstehung.

Diese Liebe kann man nicht kaufen, genauso wenig wie menschliche Liebe käuflich ist. Die Liebe muß man sich schenken lassen, unverdient annehmen. Wenn ich dafür offen werde, erlebe ich, daß ich von Gott so angenommen bin, wie ich bin.

Ich darf so sein, wie ich bin

Wenn ich spüre, daß ich angenommen bin, kann ich es mir leisten, selbst ganz ja zu mir zu sagen. Denn es erfordert schon Mut, zu sich selbst zu stehen. Für manche ist es schwer, ein Geschenk anzunehmen, ein Lob gesagt zu bekommen oder einfach geliebt zu werden. Bin ich denn so arm, daß andere mir etwas geben müßten? Ich will nichts geschenkt bekommen, ich bin selbst reich genug! Wer so denkt und fühlt, erwartet vom anderen, auch von Gott nichts. Denn jede Gabe macht mich kleiner gegenüber dem Gebenden, und klein möchte niemand gerne sein. Wirkliche Liebe aber versteht es, sich selbst klein zu machen, damit der andere nicht gedemütigt wird. Deshalb ist Gott arm geworden in Jesus von Nazaret, ein Kind, ein normaler

Mensch, ein Außenseiter, ein Verbrecher. Wir bekommen nicht etwas mit einer herablassenden Geste geschenkt, der Geber steht auf gleicher Stufe. Ich darf zunächst einmal zu meinen guten Seiten stehen. Ich darf dankbar sein für meine Talente und Fähigkeiten, die ich nicht selbst mir erarbeitet habe.

Ich brauche auch den Schattenseiten meines Lebens nicht auszuweichen oder sie zu verstecken. Vor dem, der mich liebt, brauche ich keine Maske, die mich schützt. Es gibt nichts, was ich verbergen müßte, da der andere die Sicherheit gibt und mich nicht fallen läßt, wenn ich versage.

Ich darf so sein, wie ich bin, vor dem Liebenden, vor Gott. Ich darf Mensch sein mit allem, was dazugehört.

Er ist halt auch nur ein Mensch! – Er ist wirklich ein Mensch! In diesen beiden Ausdrücken unserer Sprache liegt die ganze Spannung unseres Seins: Wir sind Menschen, und auch ich darf Mensch sein.

Gott nimmt jeden Menschen an, wie er ist

Menschliche Liebe, die wir in unserem Alltag erfahren, ist immer nur begrenzte Liebe. Es ist für den Menschen unmöglich, allen die gleiche Fülle an Liebe entgegenzubringen. Allein schon der Ort und die Zeit, in denen wir leben, setzen uns Grenzen.

Von Gott wird gesagt, daß er sich nicht nur einer bestimmten Gruppe von Menschen zuwendet, einem auserwählten Volk oder einer besonders begünstigten Zeit in der Geschichte, sondern allen. Keinen schließt er aus. Am Leben Jesu wird sichtbar, wie Grenzen gesprengt werden. Über das Volk der Israeliten hinaus soll bekannt gemacht werden, daß Gott jeden Menschen annimmt. Die ersten Christen haben dies als Auftrag für sich übernommen und diese Zusage Gottes in Zeichen sichtbar gemacht: in der Spendung der

Taufe, im gemeinsamen Abendmahl, in der Feier der verzeihenden Liebe Gottes.

Die Gemeinschaft der Christen, die man Kirche nennt, hat durch alle Jahrhunderte bis heute an diesen Zeichen festgehalten, um weiterhin die liebende Nähe Gottes sichtbar zu machen. Die äußeren Formen dieser Zeichen, der Sakramente, haben sich oft geändert, der Inhalt ist derselbe geblieben: Gott nimmt jeden Menschen an.

> Gott, der barmherzige Vater, hat durch den Tod und die Auferstehung seines Sohnes die Welt mit sich versöhnt und den Heiligen Geist gesandt zur Vergebung der Sünden. Durch den Dienst der Kirche schenke er dir Verzeihung und Frieden.
> So spreche ich dich los von deinen Sünden im Namen des Vaters und des Sohnes und des Heiligen Geistes.

Mit diesen Worten spricht die katholische Kirche dem Menschen die vergebende Liebe Gottes zu, der sich als Sünder erfahren hat und der sich an Gott wendet. Mit diesen Worten wird das Bußsakrament gespendet. In dieser dichten Gebetssprache wird das zusammengefaßt, was in den vorhergehenden Abschnitten beschrieben wurde. »Gott, der barmherzige Vater.« ✗

Der Handelnde ist Gott. Gott begegnet dem Menschen, der gesündigt hat, auf seine Weise: barmherzig. Was das bedeutet, wird im Gleichnis Jesu vom barmherzigen Vater deutlich. Er nimmt den zurückgekehrten Sohn an und schenkt ihm einen neuen Anfang in seinem Leben.

»Gott hat durch den Tod und die Auferstehung seines Sohnes die Welt mit sich versöhnt.«

In Jesus von Nazaret hat Gott sich selbst sichtbar gemacht. Das Leben Jesu mit seiner Zuwendung zu den Armen und

✗ In der protestantischen Busspraxis gibt es lediglich ein Beichtgebet u. Beichtfrage des Pfarrers u. einfach "Ja" der Gemeinde, sodann die Absolution(.... den Menschen ein Wohlgefallen!" durch den Pfarrer

Sündern zeigt diese Barmherzigkeit Gottes. Noch deutlicher wird dies in seinem Sterben am Kreuz, wo Jesus selbst in den Augen der Menschen auf eine Stufe mit den Verbrechern gestellt wird. Gott läßt ihn jedoch nicht im Tod, sondern schenkt ihm Auferstehung, neues Leben. »Gott hat den Heiligen Geist gesandt zur Vergebung der Sünden.« Wenn ein Mensch erkennt, daß sein Tun und Denken nicht dem Leben dient, sondern todbringend ist, ist der Geist Gottes am Werk. Wenn ein Mensch einen neuen Weg zum Leben, zu Gott, sucht und für die Irrwege um Vergebung bitten kann, ist dies bereits Handeln im Geist Gottes.

»Durch den Dienst der Kirche schenke er dir Verzeihung und Frieden.« Die Kirche hat den Auftrag, diese verzeihende Liebe Gottes den Menschen zu vermitteln. Dies bedeutet Dienst und nicht Machtausübung über den Menschen. So ist auch der Priester, der im Auftrag der Kirche den Menschen Vergebung zuspricht, nicht der Richter und Bestrafer, sondern nur der Vermittler des »barmherzigen Vaters«. In seinen Worten und Zeichen, die er dem Sünder gegenüber gebraucht, muß dies lebendig sein.

»Ich spreche dich los von deinen Sünden.«

Ein Mensch sagt einem anderen Menschen, daß er die Fehler und Sünden vergibt. Im Tun des Menschen wird Gottes Tun wirksam. Der andere kann neu beginnen.

Die Begegnung mit Jesus – Ermöglichung der Umkehr

Jesus kam nach Jericho und ging durch die Stadt. Dort wohnte ein Mann namens Zachäus: er war der oberste Zollpächter und war sehr reich. Er wollte gern sehen, wer dieser Jesus sei, doch die Menschenmenge versperrte ihm die Sicht: denn er war klein.

Darum lief er voraus und stieg auf einen Maulbeerfeigenbaum, um Jesus zu sehen, der dort vorbeikommen mußte. Als Jesus an die Stelle kam, schaute er hinauf und sagte zu ihm: Zachäus, komm schnell herunter! Denn ich muß heute in deinem Haus zu Gast sein. Da stieg er schnell herunter und nahm Jesus freudig auf. Als die Leute das sahen, empörten sie sich und sagten: Er ist bei einem Sünder eingekehrt. Zachäus aber wandte sich an den Herrn und sagte: Herr, die Hälfte meines Vermögens will ich den Armen geben, und wenn ich von jemand zuviel gefordert habe, gebe ich ihm das Vierfache zurück. Da sagte Jesus zu ihm: Heute ist diesem Haus das Heil geschenkt worden, weil auch dieser Mann ein Sohn Abrahams ist. Denn der Menschensohn ist gekommen, um zu suchen und zu retten, was verloren ist.

(Lk 19,1–10)

Zachäus erfährt die Zuwendung Jesu als Geschenk. Über sein Leben und über sein Handeln als Zollpächter war er sich selbst nicht im klaren. Da mußte es noch mehr geben. Neugierde auf Jesus war das Motiv, weshalb er auf den Baum kletterte. Ob die Menschenmenge ihm wohlgesonnen war? Kaum: denn durch seinen Beruf mußte er sich bei den Leuten unbeliebt machen. Außerdem schien er mehr Geld ergaunert zu haben, als ihm von Rechts wegen zustand. Dazu kamen seine körperlichen Voraussetzungen: er war klein. Dieser Mann, ein Außenseiter durch seinen Lebenswandel, will Jesus sehen. Wird er ihn genauso behandeln, wie andere ihn behandeln oder wie er selbst mit anderen umgeht? Wird er ihm seinen körperlichen Mangel vorhalten oder ihn lächerlich machen? Wird er vor der ganzen Volksmenge auf seine Fehler und Sünden hinweisen und ihn bloßstellen?

Meistens halten wir uns ja gegenseitig unser Versagen vor.
Erst muß du dich ändern, besser werden, dann können wir
wieder miteinander reden. Erst wenn du kommst, um dich
zu entschuldigen, kann ein neuer Anfang gewagt werden.
Der erste Schritt muß von dir ausgehen!

Jesus kommt und schaut hinauf auf den Baum, wo Zachäus
sitzt. Er erwähnt mit keinem Wort die körperlichen oder
moralischen Mängel. Im Gegenteil, er traut Zachäus etwas
zu: Ich muß heute in deinem Haus zu Gast sein. Jesus zeigt
diesem Mann, wozu er bestimmt ist. Er hilft ihm, eine andere Rolle zu spielen, wie er und seine Umgebung es erwarten: die des Gastgebers. Der Sünder wird nicht noch tiefer
gedrückt, sondern als Mensch mit seinen Möglichkeiten
ernst genommen. Jesus zeigt Zachäus eine neue Art des
Menschseins.

In dieser Begegnung mit Jesus, in seiner barmherzigen Zuwendung, erkennt Zachäus seine Sünden. Er ist fähig, auch
zu diesem Bereich seines Ichs Ja zu sagen. Er erkennt sein
Unrecht und faßt den Entschluß, umzukehren. Weil Jesus
ihn angenommen hat und sich ihm geöffnet hat, ist er selbst
in der Lage, offen zu sein gegen sich selbst und gegenüber
seinen Mitmenschen. Er möchte anders handeln, Fehler
wiedergutmachen und Buße tun, mehr als es das Gesetz
vorschreibt.

Das, was sich hier bei Zachäus abspielt, nennt Jesus Heil:
Heute ist diesem Haus Heil geschenkt worden. Heil, Erlösung, Befreiung von Sünde sind die Geschenke, die neues
Leben ermöglichen. Auf diese Gaben sind wir jeden Tag
angewiesen, um selbst menschlich leben zu können und um
auch den Mitmenschen von diesem Leben mitgeben zu können.

Diese Befreiung von Sünde kann nicht erkauft werden. Sie
wird unverdient geschenkt. Und sie ist nicht nur auf die
Vergangenheit gerichtet: die Zukunft des Menschen wird

von ihr verändert. Jesus gibt Zachäus einen Vorschuß an Vertrauen. Denn was er mit dieser neuen Erfahrung machen wird, ist ungewiß. Zachäus kann bei seinen guten Vorsätzen stehen bleiben. Er kann in einem Anflug von großartigen Gefühlen leere Worte machen. Es ist aber auch denkbar, daß Zachäus aus dieser erlebten Barmherzigkeit heraus Gott, sich selbst und anderen auf neue Weise begegnet. Was er wirklich getan hat, steht nicht mehr im Evangelium. *Beten wir, er möge kein Slawiner geworden sein.* Genauso offen ist der Ausgang der Geschichte Gottes mit uns Menschen. In den Sakramenten kann die Annahme Gottes erfahrbar werden. Besonders deutlich wird dies im Bußsakrament, zu dem man kommen kann, ohne vorher eine besondere Leistung vollbracht zu haben. Die einzige Bedingung ist, daß man Gott begegnen will, daß man offen ist für ihn. Dann gibt er von seiner Liebe, dann ist der Mensch bereit für das Geschenk der Vergebung.

Mit diesem Geschenk kann man dann wieder auf verschiedene Weise umgehen. Man kann alles beim alten belassen, weil's Gott ja doch nicht so tragisch nimmt, oder man kann versuchen, umzukehren und neue Wege zu gehen. Und selbst wenn dieser neue Weg wieder ins Abseits führt, nimmt Gott den Menschen aufs neue an, schenkt einen weiteren Vertrauensvorschuß, immer wieder bis zum Lebensende. Der Empfang des Bußsakramentes braucht kein einmaliger Vorgang zu sein. Wenn der Mensch erkannt hat, daß er sein von Gott gewolltes Leben verfehlt hat, kann er sich aufmachen, um Gott wieder zu begegnen.

Umkehr – der neue Weg zu mir

Im Bußsakrament soll deutlich werden, daß Gott ein absolutes Ja zum Menschen gesagt hat. Nicht nur bestimmte Bereiche im Menschen oder nur bestimmte gute Handlungen werden geliebt, der Mensch in seiner Ganzheit wird von Gott angenommen.

Der erste Schritt der Umkehr ist also auch ein Schritt hin auf das eigene Menschsein. Es gibt nichts im Leben, wozu ich nicht selbst Ja sagen könnte. Kein Bereich muß in dieser Selbstannahme ausgeklammert werden. Alle Gefühle, alle Gedanken und alle Handlungen gehören dazu. Nichts vom eigenen Wesen wird aufgegeben, auch wenn es falsch und böse ist. Im Gegenteil: ich darf Fehler, Versagen und Sünde bei mir selbst zur Kenntnis nehmen, ohne gleich daran zu verzweifeln. Ich brauche diese negativen Seiten nicht zu verdrängen. Erst wenn ich das Böse in mir als vorhanden erkennen darf, bin ich auch in der Lage, es zu ändern. Keine noch so schwere Schuld, die ich auf mich geladen habe, kann die Bereitschaft Gottes zunichte machen, mich anzunehmen.

Umkehr – der neue Weg zum anderen

Gerade im Umgang mit den anderen Menschen, wird die eigene Begrenztheit und Sündhaftigkeit schmerzhaft bewußt. Sehr oft spielen in den Beziehungen Unsicherheit, Ängste und Egoismus eine große Rolle. Selbst wenn das, was ich für den anderen Gutes tun will, im Vordergrund steht, geschieht es oft, daß die gute Gesinnung in schlechtes Handeln umschlägt. Denn es besteht immer die Gefahr, daß ich den anderen nicht so annehme, wie er ist, sondern daß ich ihn so umgestalten möchte, wie er meinen Interessen am besten dient. Ich beurteile und verurteile ihn nach seinen Handlungen und damit auch nach seinen falschen Handlungen. Ich ärgere mich über ihn, ich stecke ihn in eine bestimmte Schublade, ich nehme ihn nicht ernst oder füge ihm Schmerzen zu, um ihn auf meine Linie zu bringen oder für mich zu gebrauchen.

Alle Sünden gegenüber dem Mitmenschen oder der Menschheit allgemein kommen wohl daher, daß wir es selten schaffen, dem anderen zuzugestehen, daß er so, wie er ist, als Mensch angenommen und geliebt ist von Gott, daß wir ihn als Menschen ernst nehmen. Wenn es mir aber gelingt zu erkennen, daß ich von Gott ganz und gar geliebt bin, sehe ich auch den Mitmenschen anders, nämlich auch in dieser Sichtweise Gottes. Es steht dann in den menschlichen Beziehungen nicht mehr die Frage im Mittelpunkt: welche Gesetze und Vorschriften habe ich übertreten?, sondern die Frage: Wo hat sich bei mir eine andere Grundeinstellung zum Nächsten gezeigt, wie ich sie bei mir selbst von Gott her erfahre?

Umkehr – der neue Weg zu Gott

Was für die Beziehung zum Mitmenschen gesagt wurde, gilt auch für die Beziehung zu Gott. Gott läßt sich noch weniger einspannen in meine Interessen als der Mensch. Und meine Vorstellungen über ihn werden noch häufiger enttäuscht werden, weil Gott immer ganz anders ist. Dies erzeugt bei vielen Angst vor diesem Unbekannten. Und diese Angst führt zu einem Verhalten mit dem Hintergedanken: Ich muß diesen Gott durch allerlei Gebete und Opfer besänftigen, ich muß Gesetze und Vorschriften bis auf den I-Punkt befolgen, um ihn nicht zu verärgern, um nicht aus seinem Wohlgefallen herausgelöst zu werden.

Der neue Weg zu Gott, der mir möglich geworden ist durch seine vorbehaltlose Annahme, zeigt sich darin, daß ich nicht zuerst auf diese Mängel in der Befolgung von irgendwelchen Vorschriften schaue, sondern mir die Frage stelle: Nehme ich Gott so an, wie er ist, in seiner ganzen Unbegreiflichkeit? Und: Vertraue ich ihm mein Leben, mein Menschsein an und worin drückt sich dies in meinem Alltag und in meiner Lebensgestaltung aus?

Das große Gebot

> Da stand ein Gesetzeslehrer auf, um Jesus auf die
> Probe zu stellen, und fragte ihn: Meister, was muß
> ich tun, um das ewige Leben zu gewinnen? Jesus
> sagte zu ihm: Was steht im Gesetz? Was liest du
> dort? Er antwortete: Du sollst den Herrn, deinen
> Gott, lieben mit ganzem Herzen und ganzer Seele,
> mit all deiner Kraft und all deinen Gedanken und:
> Deinen Nächsten sollst du lieben wie dich selbst.
> Jesus sagte zu ihm: Du hast richtig geantwortet.
> Handle danach, und du wirst leben.
>
> (Lk 10,25–28)

Liebe Gott, liebe deinen Nächsten wie dich selbst. Dies ant-
wortete Jesus auf die Frage, wie kann man das Leben gewinnen. Jesus setzt in seiner Antwort nicht neue Gesetze und
Vorschriften ein, er verlangt nicht ein Handeln nach bestimmten Moralvorstellungen, und er gibt keine Rezepte,
nach denen sich der Frager einfach richten könnte. Jesus
empfiehlt einen anderen Weg: Die Beziehungen des Menschen zu sich selbst, zum Nächsten und zu Gott sollen
bestimmt sein von Liebe. Die Sünde des Menschen, das
wodurch er sein Leben verfehlen kann, liegt also nicht in
falschen Handlungen, sondern zuerst darin, daß man sich
nicht einläßt auf diese Liebesbeziehung, die zuerst von Gott
ausgeht, wenn der Mensch nicht offen wird für das Vertrauen, das er geschenkt hat.
Umkehr bedeutet daher für den Christen immer zuerst, dieses Menschsein vor Gott mit allen seinen Möglichkeiten
jeden Tag neu zu entdecken. »Handeln« heißt somit nicht
zuerst ein vordergründiges Tun und Leisten, sondern ein

Leben in Liebesbeziehungen. In den Sakramenten der Kirche, in den Heilszeichen wird dies erfahrbar, besonders im Sakrament der Buße, wo Gott sein Ja zu uns bekräftigt, obwohl der Mensch aus dieser Liebesbeziehung ausgebrochen ist.

Der Zeitpunkt der Beichte

Im Laufe der Geschichte war es sehr unterschiedlich, wann und wie oft Menschen gebeichtet haben. Von der einmaligen Beichte am Ende des Lebens bis zur wöchentlichen Beichte gab es alle Möglichkeiten. Generall kann gesagt werden: Wenn ein Mensch erkennt, daß er aus der Liebesbeziehung zu Gott ausgebrochen ist, muß er die Beziehung wieder neu anknüpfen. Dazu dient das Bußsakrament. Zeichen dieser Loslösung von Gott können die Handlungen sein, die in schwerer Weise gegen die Liebe zu den Menschen verstoßen.

Aber auch an den Wendepunkten des Lebens, vor wichtigen Entscheidungen oder Bindungen wird dem Menschen besonders deutlich, daß er auf Versöhnung und Annahme in der Begrenztheit angewiesen ist. Vielen Menschen ist es auch eine Hilfe, regelmäßig zu beichten, da in überschaubaren Zeitabständen leichter die Möglichkeit besteht, das eigene Leben zu reflektieren. Anlässe hierzu sind oft die kirchlichen Feiertage im Laufe des Jahres oder der Beginn eines neuen Monats oder Vierteljahres. Wichtig aber ist, den Empfang des Bußsakramentes bewußt zu vollziehen, und nicht nur zum Priester zu kommen, weil es so üblich ist. Eine unbewußte Gewohnheit verhindert leicht die tiefe Erfahrung des Angenommenseins durch Gott in der Beichte.

Der Spender des Bußsakramentes

Jeder Priester, der im Dienst der Kirche steht, darf das Bußsakrament spenden. Es kommt immer auf den einzelnen an, zu wem er geht.

Für die einen ist es wichtig, den Priester persönlich zu kennen, und zu ihm Vertrauen zu haben. Denn man spricht nicht gerne zu jedem über die eigenen Fehler und Schwächen. Gerade wer häufiger zur Beichte geht, erwartet, daß der Priester auch ihn kennt und sein Leben, um eine Hilfestellung beim Überdenken des Lebens geben zu können. Andere suchen sich ganz bewußt einen Priester, der völlig unbekannt ist, um anonym bleiben zu können. Immer aber wird es darauf ankommen, daß der Priester gegenüber dem Beichtenden die barmherzige Liebe Gottes erfahrbar macht. Wenn dies nicht geschieht, wird der Beichtstuhl leer bleiben.

Übrigens: Der Priester ist zu absolutem Schweigen über die Person des Beichtenden und über den Inhalt des Beichtgesprächs verpflichtet. Wenn er dieses Schweigegebot bricht, wird ihm die Ausübung des priesterlichen Dienstes verboten.

Meist haben die Gemeindepriester feste Zeiten, an denen sie zu Beichtgesprächen zur Verfügung stehen. In vielen Klöstern wird den ganzen Tag über ein Pater zum Gespräch freigestellt. Jeder, der beichten möchte, kann aber auch einen Termin mit einem Priester persönlich absprechen.

Der Ort der Beichte

In jeder katholischen Pfarrkirche und in den Klosterkirchen stehen Beichtstühle. In der Mitte hat der Priester seinen Sitz, auf den Seiten sind Kniebänke für den Beichtenden. Die kniende Haltung und die relative Dunkelheit der meisten Beichtstühle erschweren ein ausführlicheres Gespräch.

Da aber für den Empfang des Bußsakramentes kein bestimmter Ort vorgeschrieben ist, ist ein Beichtgespräch auch an anderen Plätzen möglich. In vielen Kirchen befindet sich ein Beichtgesprächszimmer, in dem sich Priester und Beichtender gegenübersitzen können. Aber auch ein Treffen im Büro des Priesters oder ein Spaziergang durch die Natur können den Rahmen bilden.

Die Vorbereitung der Beichte

Empfehlenswert ist, sich schon zu Hause Gedanken zu machen, warum man beichten möchte. Gebete, Bilder oder Texte können helfen, sich neu bewußt zu machen, wie Gott zu uns Menschen steht und wie wir diese Liebe aufnehmen. Der Empfang des Bußsakramentes sollte eingebettet sein in das sonstige religiöse Leben.
Die angebotenen Hilfen zur Gewissenserforschung können das Leben jedes einzelnen Menschen niemals ganz umfassen. Sie sind daher auch nur Hilfsmittel zum Nachdenken, nie Kataloge, in denen alle Sünden, die möglich sind, aufgelistet stehen.
Gebet und Meditation gehören mit zur Beichte, da hierin das Verhältnis zu Gott erkennbar wird und Mut gemacht wird zur Umkehr. Eine Vorbereitung zur Beichte kann wohl kaum in fünf Minuten erfolgen, wenn die anschließende Beichte sinnvoll sein soll.

Das Beichtgespräch

Jedes Gespräch beginnt mit einer Begrüßung und mit dem gegenseitigen Vorstellen der Gesprächsteilnehmer; so auch das Beichtgespräch. Ob die Begrüßung persönlich gehalten ist oder ob mehr liturgische Formen gewählt werden, bleibt dem Einzelfall überlassen. Dann sollte sich der Beichtende kurz vorstellen, z. B. ob er regelmäßig beichten geht, oder ob ein konkreter Anlaß vorliegt, aus welchen Lebensumständen er herauskommt (Familie, Beruf) oder was sonst wichtig sein könnte, um das weitere besser verstehen zu können. Ein Wort aus der Heiligen Schrift kann der Ausgangspunkt des Gesprächs sein, in dem der Beichtende seine Fehler und Sünden bekennt. Im Austausch mit dem Priester können sich Wege der Umkehr zeigen oder der Grund von Fehlhaltungen erkennbarer werden. Der Priester wird dann eine Buße empfehlen, nicht als Bestrafung, sondern als Hilfsmittel, um den als richtig erkannten Weg gehen zu können. Der Beichtende bittet Gott um Vergebung, und der Priester spricht ihm die Vergebung Gottes zu. Dann entläßt der Priester den Beichtenden.

Nach der Beichte

Wenn ich etwas geschenkt bekomme, sage ich normalerweise danke. In der Beichte wird Vergebung und Neuanfang geschenkt; das ist sicher auch ein Grund, Gott zu danken.

Aber wenn Worte nur leere Worte bleiben, war es unnötig, sie zu sagen. Wenn aus der Begegnung mit der barmherzigen Liebe Gottes keine Konsequenzen gezogen werden, war die Beichte eine vertane Chance. Deshalb sollten sich Schritte überlegt werden, wie das Gebot Jesu: liebe Gott und deinen Nächsten wie dich selbst, im Alltag gelebt werden kann. Welche Möglichkeiten der Umkehr sind mir geschenkt? Und was mache ich jetzt daraus?

Diese Fragen und die Antworten darauf können vielleicht auch ein neues, befreites und befreiendes Handeln ermöglichen. Das Sakrament der Buße wirkt weiter in den Alltag, in die Familie, in den Beruf, in die Gesellschaft und in mich selbst hinein.